<그리스도인이면 꼭 알아야 할 성경 지식>

요한계시록

제1권

일곱 교회의 신비(1-4장)

서울솔로몬학교 성경연수원

차 례

이 책에 인용된 성경 구절은 〈한글킹제임스성경〉입니다.

제1과
요한계시록은 어떤 책인가?

『그러므로 네가 본 것들과 현재 있는 일들과 이후에 일어날 일들을 기록하라』(계 1:19).

요한계시록의 중요한 위치

성경의 마지막 책이며 위대하고 영광스러운 이 책에는 "모든 일의 마지막"이 선명하게 드러나 있다. 너무나 위엄이 있고 끔찍한 일들이 사실적으로 계시되어 있기 때문에, 로마카톨릭을 위시한 많은 사람들이 요한계시록을 거부하고 증오한다. 그러나 이 책의 힘과 권위는 그것이 주는 인류 역사의 정치적, 영적 미래에 관한 선명한 가르침들에 있다. 요한계시록은 결코 "비유적"이거나 "상징적"이지 않으며, "애매모호"하지도 "묵시적"이지도 않다.

성경에서 가장 쉬운 책들 중의 하나로서 성경의 어떤 책보다도 소중하고 꿀보다 달다. "믿기가 어려울" 뿐이지, 절대로 이해하기가 어려운 책이 아니다. 이 책은 아버지 하나님께서 기록하시고 봉인하셨다. 성령 하나님께서 전달해 주신 영광의 편지이며, 그리스도인들에게 모든 일의 결말을 보여 주는 "예언의 책"이다. 모든 예언의 성경적 완성을 보여 주는데, 예수 그리스도께서 재림하실 때 역사적으로 어떤 일들이 어떻게 전개되고, 마귀가 어떻게 불못으로 던져지는가를 확실히 알려 주고 있는 것이다. 하나님의 자녀인 성도들은 이 책 안에서 하늘의 처소에 새겨진 자기들의 이름을 선명히 읽게 되고, 모든 위로의 하나님께서는 성경의 일점일획을 다 이루시기 위하여 그분의 신실하심을 새롭게 약속하신다(〈피터 럭크만의 주석서 요한계시록〉 서문에서 발췌).

요한계시록은 어떤 책인가?

1. 성경의 마지막 책으로서 "계시(Revelation)의 책"이다.

1) 『**예수 그리스도에 관한 계시라**』(1:1). ➠ 주 예수 그리스도에 관하여 "**세 가지 측면**"으로 계시하고 있다.

(1) "**시간적인**" 측면 : 알파와 오메가이시요 시작과 끝이시며, 지금도 계시고 전에도 계셨고 앞으로 오실 전능하신 하나님이시다(1:8).

(2) "**관계적인**" 측면 : 교회들(1-3장), 대환란 및 재림(4-19장), 영원한 왕국(20-22장)과 관계가 있으신 만왕의 왕이시다.

(3) "**직분적인**" 측면 : 대제사장이시고(8:1-4) 신랑이시며(19:7-9) 왕이시자 심판주이시다(20:1-15).

① 기 록 자	사도 요한 〈전체 22장, 404구절임〉
② 기록시기	A.D. 91-96년(도미티안 황제[1] 통치 기간)
③ 기록장소	소아시아의 팟모 섬(계 1:9)
④ 주 제	예수 그리스도의 승리와 예언의 완전한 성취

2) "비유적이고 상징적이며 묵시적인(감추어진, 가려진, 비밀스러운) 책"이 아니다.

---

1) 요한계시록은 로마의 네로 황제가 아닌 도미티안 황제의 통치 기간에 기록되었다. 네로의 통치 기간인 A.D. 70년에 기록되었다고 주장하는 로마카톨릭과 대부분의 개신교 학자들은 요한계시록에 기록된 사건들과 심판 등을 A.D. 70년에 일어난 예루살렘 파괴에만 적용하려고 한다. 즉 이미 과거에 이루어진 사건들이고 미래에는 적용될 수 없는 것으로 가르치는데, 특히 17,18장에 나오는 로마에 대한 묘사가 로마카톨릭이 아닌 "로마제국"에 적용된다고 잘못 주장하는 것이다.

➡ 요한계시록은 사람들이 성경에서 가장 두려워하고 혐오하며 잘못 이해하고 있는 책인데, 이는 이 책이 사탄, 교회, 유대인, 이방인, 세상 나라들, 로마카톨릭, 우주의 종말 등에 대해 매우 선명하고 구체적으로 그리고 "부정적으로" 예언하고 있기 때문이다.

3) "계시와 예언이 완성되는 책"으로서 "성경 전체를 여는 열쇠"이다.

(1) 믿기가 어려울 뿐이지, 이해하기 어려운 책은 아니다. 요한계시록을 공부하면 앞으로 일어날 미래의 일들에 대한 정확한 예언적 지식들을 깨닫게 되고, 동시에 주 예수 그리스도의 놀라운 영광을 목도하게 된다.

(2) 선지자 다니엘은 그의 책을 "봉인하라"는 명령을 받았으나(단 12:4), 사도 요한은 "봉인하지 말라"는 명령을 받았다(22:10).

(3) 요한계시록을 모르면 다니엘서를 해석할 수 없고, 다니엘서를 해석하지 못하면 마태복음을 해석할 수 없으며, 마태복음을 해석하지 못하면 구약성경을 해석할 수 없다.

2. 요한계시록은 미래 역사에 대한 "예언의 책"이다(1:3; 10:11; 11:3,6; 19:10; 22:7,10,18,19).

➡ 미래에 장차 일어날 역사적인 사건들에 대해서 예언하고 있으며, 유대인과 이방인과 하나님의 교회의 운명이 앞으로 어떻게 펼쳐질 것인가를 밝히 보여 주고 있다.

예언은 "역사의 주형틀"로서 "미리 기록된 역사"이다. 이 세상에서 성경만큼 역사적으로 많이 이루어져 왔던 예언들을

가진 책이나 경전은 단 한 권도 없다. 역사상 이미 이뤄진 예언들이 우리 앞에 있을 때(초림과 연관된 300여 개의 예언들), 아직 이뤄지지 않은 예언들도 반드시 이뤄질 것이라고 우리는 확신할 수 있다(재림과 연관된 500여 개의 예언들). 그래서 성취된 예언들은 어떤 기적들보다도 "성경의 영감성과 무오성과 진실성"에 대한 확실한 증거가 된다.

3. 우주적이고 매우 장엄한 책이다.

1) 요한계시록은 온 세상과 우주 전체를 다루고 있다(10:11; 11:9; 17:15; 21:1).

2) 왕과 그분의 통치와 관련해서 "**보좌**"라는 단어가 40회 나오고, "**왕이나 왕국 또는 통치**"라는 말이 39회, "**능력과 권세**"라는 말이 39회 나오는데, 이는 하늘과 땅의 보좌에서 우주의 절대 주권자로서 통치하시는 예수 그리스도의 위엄을 보여 준다.

4. 성경은 "무한히 순환하는 책"임을 보여 주는 책으로, 요한계시록은 우리를 창세기로 다시 돌아가게 해 준다.

1) 창세기에 등장했다가 사라져 버린(3회, 창 2:9; 3:22,24) "**생명 나무**"가 요한계시록에서 다시 나온다(3회, 2:7; 22:2,14).

2) 창세기에서 에덴동산의 모든 나무에서 나는 것을 "마음대로"(freely) 먹을 수 있었듯이(창 2:16, 단, 선과 악의 지식의 나무의 열매만 금지됨),

요한계시록에서도 목마른 자에게 생명수의 샘을 "<u>**값없이**</u>"(freely) 제공하고 있다(21:6; 22:17).

3) 창세기에서 하나님의 말씀을 삭제하고 첨가하는 "변개"가 자행되었듯이(창 2:16,17 vs. 창 3:2,3), 요한계시록에서는 말씀들을 "<u>**삭제하고 첨가하는**</u>" 자들에게 재앙들이 임한다는 경고가 주어지고 있다(22:18,19).

4) 창세기에서는 "낙원"이 상실되지만("에덴동산," 창 3:24), 요한계시록에서는 "<u>**낙원**</u>"이 회복된다(2:7).

5) 아벨의 "어린양"("첫배 새끼들," 창 4:4)이 창세기에서 희생제물로 죽임을 당했는데, 요한계시록에서도 "<u>**죽임을 당한 어린양**</u>"이 등장한다(5:6,12; 13:8).

6) 창세기에서 『**태초에 하나님께서 하늘과 땅을 창조하셨느니라.**』(창 1:1)라는 말씀을 볼 수 있듯이, 요한계시록에서도 『**또 내가 새 하늘과 새 땅을 보니, 처음 하늘과 처음 땅은 사라지고, 바다도 더 이상 있지 아니하더라.**』(21:1)라는 말씀을 보게 된다.

7) 하나님께서는 창세기에서 "사람"과 함께 시작하셨고(창 1:26), 요한계시록에서는 "<u>**사람**</u>"과 함께 끝을 맺으신다(21:3).

5. 의미를 지닌 숫자들이 가장 많이 언급되는 책이다.

1) "일천이백육십 일"(한 때와 두 때와 반 때, 마흔두 달 - 11:2,3; 12:6,14; 13:5)

2) 이스라엘 자손의 모든 지파에서 인장으로 표시받은 "십사만 사천 명"(7:4; 14:1,3)

3) "열두 별"(12:1), "열두 대문"(21:12,21), "열두 천사"(21:12), "열두 기초석"(21:14), "열두 가지 과실"(22:2)

4) "일곱"이란 숫자가 요한계시록 전체에서 60회 등장한다.

(1) 일곱 교회에 보낸 일곱 편지(1-3장), 일곱 봉인과 일곱 나팔(4-11장), 일곱 호리병(15,16장), 일곱 영(1:4), 일곱 촛대(1:12,20), 일곱 별(1:16,20), 일곱 천사(1:20), 일곱 등불(4:5), 일곱 뿔과 일곱 눈을 가진 어린양(5:6), 일곱 천둥(10:3,4), 일곱 머리에 일곱 왕관을 쓴 붉은 용(12:3), 일곱 머리를 가진 짐승(13:1; 17:3,7), 일곱 산(17:9), 일곱 왕(17:10) 등

(2) 요한계시록에 등장하는 "일곱 가지 복"

➠ ❶ **『이 예언의 말씀을 읽는 자와 듣는 자들과 거기에 기록된 것들을 지키는 자들은 복이 있나니 이는 그 때가 가까움이니라』**(1:3). ❷ **『기록하라, 이제부터 주 안에서 죽는 자들은 복이 있도다. 성령께서 말씀하시니라』**(14:13). ❸ **『깨어 있어 자기 옷을 지켜서 벗은 채로 다니지 아니하고, 사람들에게 자기 수치를 보이지 않는 자는 복이 있도다』**(16:15). ❹ **『그때 그가 내게 말하기를 "어린양의 혼인 잔치에 초대된 그들은 복이 있다고 기록하라』**(19:9). ❺ **『첫 번째 부활에 참여하는 자는 복되고 거룩하도다』**(20:6). ❻ **『보라, 내가 속히 오리라. 이 책의 예언의 말씀들을 지키는 자는 복이 있도다』**(22:7). ❼ **『그의 계명들을 행하는 자들은 복이 있나니』**(22:14).

천년왕국에 관한 세 가지 관점

1. 천년왕국(Millennial Kingdom)에 관한 세 가지 관점

1) "후천년주의"(Postmillennialism) ➠ 예수 그리스도께서 천년왕국 "이후에" 재림하실 것으로 믿는다.

2) "무천년주의"(Amillennialism) ➠ "천 년"이라는 기간은 "상징적인 기간"일 뿐 실제적인 천년왕국은 없으며, 예수 그리스도께서 천 년 동안 지상을 통치하시기 위해 다시 오시지 않는다고 믿는다.

3) "전천년주의"(Premillennialism) : "성경적인 관점" ➠ 예수 그리스도께서 천년왕국 "이전에" 재림하실 것으로 믿는다.

(1) 첫째 원칙 : 성경은 하나님의 말씀임을 믿고, 문자적으로 해석한다.

➠ ❶ 성경은 무오한 책이며, 글자 하나하나가 하나님의 영감으로 기록되었다. ❷ 성경은 그리스도인의 믿음과 실행에 있어서 유일한 최종권위이다. ❸ 성경을 기록된 그대로(문자적으로) 받아들이고 문자적으로 해석해야 한다.

(2) 둘째 원칙 : 성경 전체, 특히 예언과 관련된 부분에서는 이스라엘과 교회를 엄격히 구분한다.

➠ ❶ 이스라엘은 "이스라엘"이고 교회는 "교회"이기 때문에, 성경은 "육체적인 유대인"(Physical Jew)과 "영적인 유대인"(Spiritual Jew)을 명확하게 구분한다. ❷ 성경은 인류를 "유대인," "이방인," "하나님의 교회," 셋으로 구분한다(고전 10:32). ❸ 성경을

교리적으로 적용할 때는 그 말씀의 대상이 누구인가에 따라 말씀을 정확하게 적용해야 한다.

(3) <u>셋째 원칙</u> : <u>성경의 주제는 "구속"이 아니라 하나님의 영광스러운 "왕국"(Kingdom)이다</u>.

➡ "하나님의 구속"의 목적은, 구원받은 성도들로 하여금 그분의 왕국에서 아버지 하나님의 영광과 예수 그리스도의 영광과 성령 하나님의 영광을 찬양하게 하려는 데 있다(엡 1:6,12,14).

"Millennium"은 라틴어로 "mil(1,000) + annum(년)"의 합성어이다. 성경 교리의 옳고 그름의 차이는 "전천년주의"를 믿는가, 믿지 않는가에 달려 있다. 전천년주의를 믿는 사람은 성경에서 유대인과 교회의 올바른 위치를 알고 있다. 또한 유대인과 교회의 올바른 위치를 알고 있기에 어떤 구절들이 유대인 혹은 교회에게 해당이 되는지, 해당이 안 되는지도 안다. 침례, 방언, 교회, 성화, 은혜의 시대 등과 관련된 교리의 옳고 그름의 기준은, 전천년주의를 믿는가 아니면 후천년주의나 무천년주의를 믿는가에 달려 있다.

성경을 해석하고 적용하는 방법

1. 성경을 해석하는 방법

➡ 성경은 "<u>문자적으로 해석</u>"해야 한다. 성경의 문자 하나하나가 하나님의 영감으로 주어진 말씀이기 때문에(딤후 3:16) 기록된 그대로 읽고 믿어

야 하고, 성경과 성경을 비교해서 해석해야 한다.

2. 성경을 적용하는 세 가지 방법

➠ 성경은 다음 세 가지로 적용할 수 있다.

1) **역사적 적용** : 성경의 어떤 사건이 역사적으로 언제, 어디에서, 어떻게 실제로 일어났는가를 이해하는 것이다.

2) **영적인 적용** : 모든 성경이 교리와 책망과 바로잡음과 의로 훈육하기에 유익하므로(딤후 3:16), 하나님의 사람을 바르게 하고 교훈을 얻게 하기 위한 영적 적용이 가능하다(롬 15:4, 고전 10:6,11).

3) **교리적 적용** : 성경의 모든 구절은 "특정한 사람들"에게, "특정한 목적"으로, "특정한 진리"를 믿고 실행하도록 가르치기 위해 기록되었다.

〈요한계시록 1-3장에 대한 세 가지 적용〉	
역사적 적용	A.D. 90년경, 소아시아 지역에 실제로 존재했던 지역 교회들
영적인 적용	지역 교회들을 위한 권면과 교훈 2천 년간의 교회 시대의 역사를 반영
교리적 적용	환란 시대(왕국 시대, 영원 시대)를 위한 교리

■ 새롭게 깨달았거나 적용할 내용이 있다면 적어 보세요. ■

요한계시록의 세 가지 구분과 사도 요한의 위치

『그러므로 ① 네가 본 것들과 ② 현재 있는 일들과 ③ 이 후에 일어날 일들을 기록하라』(1:19).

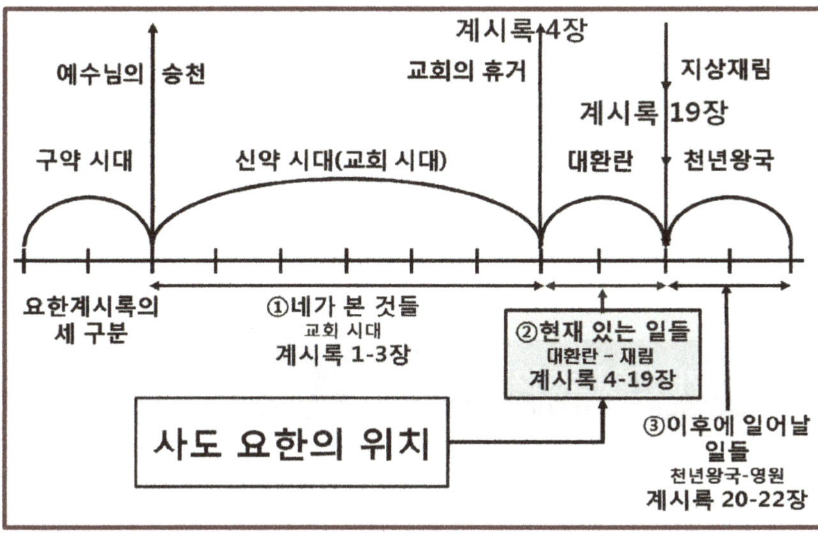

사도 요한은 팟모 섬에서 요한계시록을 기록하고 있던 중에 성령 안에서 "주의 날"로 초자연적인 영적 이동을 하게 된다. 『너희의 형제이며 환란과 예수 그리스도의 왕국과 인내에 동참하는 자인 나 요한은 하나님의 말씀과 예수 그리스도의 증거로 인하여 팟모라고 하는 섬에 있었느니라. 내가 주의 날에 성령 안에 있었으며 나팔 소리 같은 큰 음성을 내 뒤에서 들었는데』(계 1:9,10). 여기서 "주의 날"은 구약의 선지서들에서 자주 언급되고 있듯이, 예수 그리스도의 재림을 중심으로 해서 일어나는 미래의 사건들을 말하는 예언적인 날이다(욜 2:1-3,11). 쉽게 말해서 요한은 마치

"타임머신"을 탄 것처럼 주의 날, 곧 대환란과 재림이 벌어지는 미래의 시간대로 기적적인 이동을 한 것이다. 그렇게 보면 사도 요한은 뒤로는 지나간 "과거"인 교회 시대를 돌아보고 있고(계 1-3장), "현재"는 대환란과 재림 때 일어나는 일들을 보고 있으며(계 4-19장), 다가올 "미래"에는 천년왕국과 영원 시대를 내다보고 있는 것이 된다(계 20-22장).

① 네가 본 것들	요한계시록 1-3장 ➡ 교회 시대(과거)
② 현재 있는 일들	요한계시록 4-19장 ➡ 대환란과 재림(현재)
③ 이후에 일어날 일들	요한계시록 20-22장 ➡ 천년왕국과 영원 시대(미래)

네가 본 것들(과거, 계 1-3장) : 일곱 개의 "교회 시대"

1	에베소	온전히 목적된	30-100	사도들의 시대, 교회의 시작	사도들
2	스머나	몰약	100-325	로마제국 박해, 거짓 교리 등장	노바티안
3	퍼가모	숱한 결혼	325-500	기독교 공인, 로마카톨릭 준비	도나티스트
4	두아티라	고통의 향기	500-1000	암흑시대, 로마카톨릭 등장	폴리시안
5	사데	붉은 자들	1000-1500	암흑시대, 로마카톨릭 절정	왈덴시안
6	필라델피아	형제의 사랑	1500-1900	종교 개혁, 부흥의 시대	재침례교도
7	라오디케아	시민의 권리	1900-휴거	인권 시대, 배교의 시대	Bible Believers

현재 있는 일들(현재, 계 4-19장) : 대환란에 관한 네 관점

〈첫 번째 관점 - 일곱 봉인 : 4-6장〉

대환란에 대한 첫 번째 설명 "일곱 봉인"		
첫째 봉인	흰 말 탄 자	적그리스도
둘째 봉인	붉은 말 탄 자	전쟁, 유혈
셋째 봉인	검은 말 탄 자	기근
넷째 봉인	창백한 말 탄 자	사망, 지옥
다섯째 봉인	제단 아래 순교한 혼들	
여섯째 봉인	큰 지진, 해, 달, 별들의 혼란	
일곱째 봉인	정적(계 8:1)	

〈두 번째 관점 - 일곱 나팔 : 7-12장〉

대환란에 대한 첫 번째 설명 "일곱 나팔"		
첫째 나팔	피 섞인 우박, 불	초목 1/3 불탐
둘째 나팔	산이 타고 던져짐	바다의 1/3 파괴
셋째 나팔	쑥이란 별의 추락	물의 1/3이 쑥이 됨
넷째 나팔	해, 달, 별 1/3 강타	낮과 밤 1/3 어둠
다섯째 나팔	끝없는 깊은 구렁	초자연적 메뚜기
여섯째 나팔	2억의 기병대	인구 1/3 사망
일곱째 나팔	예수 그리스도의 재림(계 11:15)	

■ 새롭게 깨달았거나 적용할 내용이 있다면 적어 보세요. ■

〈세 번째 관점 - 적그리스도의 활동 : 13,14장〉

『지혜가 여기에 있으니 지각이 있는 자는 그 짐승의 숫자를 헤아려 보라. 그것은 한 사람의 숫자이니, 그의 숫자는 육백육십육이니라』(계 13:18).

〈네 번째 관점 - 일곱 호리병 : 15-19장〉

대환란에 대한 네 번째 관점 : "일곱 호리병"	
첫째 호리병	악취가 나는 심한 헌데(문둥병)
둘째 호리병	바다가 피로 변함
셋째 호리병	강과 물들의 원천이 피로 변함
넷째 호리병	해가 불로 사람들을 태움
다섯째 호리병	흑암에 싸인 짐승의 왕국
여섯째 호리병	유프라테스강이 마름(동방의 왕들)
일곱째 호리병	지진, 붕괴, 우박

마지막 시대를 사는 성도의 자세가 어떠해야 하는지 적어 보세요.

➡ ______________________________

____

____

____

____

____

〈대환란에 관한 네 가지 종합적인 관점〉

<table>
<tr><th>순서</th><th>일곱 봉인
(4-6장)</th><th>일곱 봉인
(7-12장)</th><th>적그리스도의 활동
(13,14장)</th><th>일곱 호리병
(15-19장)</th></tr>
<tr><td>첫째</td><td>흰 말 탄 자
적그리스도</td><td>피 섞인 우박, 불,
초목 1/3 불탐</td><td rowspan="6">① 일곱 머리와
열 뿔을 가진
용(사탄)이
지상으로 쫓겨남

② 표범의 몸,
곰의 발, 사자의 입
복합적인 짐승,
곧 적그리스도가
바다에서 올라옴

③ 거짓 선지자가
땅에서 올라옴</td><td>심한 헌데</td></tr>
<tr><td>둘째</td><td>붉은 말
전쟁, 유혈</td><td>산이 불탐
바다 1/3 불탐</td><td>바다가 피로 변함</td></tr>
<tr><td>셋째</td><td>검은 말
기근</td><td>쑥이란 별의 추락
물 1/3 쓰게 됨</td><td>강과 물들 원천이
피로 변함</td></tr>
<tr><td>넷째</td><td>창백한 말
지상 지옥</td><td>해, 달, 별 강타
낮과 밤 1/3 어둠</td><td>해가 불로 사람을
태움</td></tr>
<tr><td>다섯째</td><td>제단 아래
순교한 자들</td><td>초자연적 메뚜기</td><td>흑암에 싸인
짐승의 왕국</td></tr>
<tr><td>여섯째</td><td>큰 지진
해, 달, 별들</td><td>2억의 기병대
사람들 1/3 죽음</td><td>유프라테스강이
마름(2억의 군대)</td></tr>
<tr><td>일곱째</td><td>정적</td><td>재림</td><td></td><td>지진, 붕괴, 우박</td></tr>
</table>

이후에 일어날 일들(미래, 계 20-22장) : 천년왕국과 영원 시대

▲ 천년왕국

▲ 새 예루살렘

제1과
복습문제

1. 요한계시록은 웬만해서는 이해하기가 어렵기 때문에 주의를 요하는 책이다. (O , X)

2. 성경은 (   )으로 해석해야 한다.

3. 성경은 (   )으로, (   )으로, (   )으로 적용해야 한다.

4. (   )는 예수 그리스도께서 천년왕국 이전에 오신다고 믿는 것인데, 이렇게 믿는 것이 성경적이다.

5. 『예수 그리스도에 관한 (   )라. 이는 하나님께서 반드시 속히 일어날 일들을 그의 종들에게 보이시려고 그에게 주신 것이요, 그의 천사를 그의 종 요한에게 보내어 알게 하신 것이니라』(계 1:1).

■ 복습 문제의 정답은 홈페이지(www.solomonbtc.org)에서 확인할 수 있습니다.

NOTES

NOTES

제2과

재림 때로 이동한 사도 요한(1:1-20)

『내가 주의 날에 성령 안에 있었으며 나팔 소리 같은 큰 음성을 내 뒤에서 들었는데』(계 1:10).

주님의 발자국 소리

주님의 발자국 소리

- 클라렌스 라킨 -

붉게 물든 아침 하늘 한낮의 하얀 빛 속에서,
해질 무렵 찬란한 영광,
한밤을 감싸는 어둔 하늘 어슴푸레한 달빛 속에서
주님의 발자국 소리 들린다

갈릴리 해변 모래밭, 성전을 향해 난 대리석 거리에서
그곳을 거니시는 주님의 지친 발걸음 소리 들었다
슬픔의 무게 홀로 지시고 갈보리 언덕 비틀거리며 오르시는
주님의 슬픈 발자국 소리 들었다

은신도 신지 않으시고 금띠도 두르지 않으시고
빛나는 보석도 향료도 없건만,
옛 영광으로 옷 입고 오시는
주님의 영광스러운 발걸음 소리 들린다

오 내 혼이여, 주께서 오신다! 영원한 평화 가지시고,
결코 사라지지 않는 완전한 복 가지고 오시리라
오 내 혼이여, 주께서 오신다! 주의 오심은 나의 구원이니,
이제 곧 오실 주님의 발걸음 소리 들으며 살리라

예수 그리스도에 관한 계시의 책(1-8,13-18절)

『성경을 상고하라. 이는 너희가 성경에 영생이 있다고 생각함 이니, 그 성경은 나에 관하여 증거하고 있음이라』(요 5:39). **『또 그들에게 말씀하시기를 "이런 것이 내가 너희와 함께 있을 때 말했던 바 모세의 율법과 선지서들과 시편에 나에 관하여 기록된 모든 것이 이루어져야 한다던 그 말이니라."고 하시고』**(눅 24:44). "**예수 그리스도**"께서는 성경과 역사와 왕국의 중심이시며, 또한 "**예언의 중심**"이시다. 예수님께서는 성경의 예언대로 그분의 영원한 왕국을 세우실 것이며, 구원받은 성도들은 그분과 함께 영원히 통치할 것이다. 하나님께서는 예수 그리스도에 관하여 반드시 속히 일어날 일들을 계시하시려고 그분의 천사를 사도 요한에게 보내시어 알게 하셨다(1절). 이에 요한이 증거하고 있는 『**예수 그리스도의 증거**』(2,9절)는 『**예언의 영**』(19:10)인데, 이것은 "미래를 말하는 능력"이자 미래를 말하는 "예언의 영"을 가리킨다. 바로 이 미래에 관한 예언을 계시하기 위해 요한이 팟모 섬에 있었던 것이며, 또한 이 책에 계시된 일들이 나타나기 시작하는 것을 보면 "종말," 곧 『**그 때가 가까움**』(3절)을 깨닫게 된다.

1. 예수 그리스도에 관한 계시

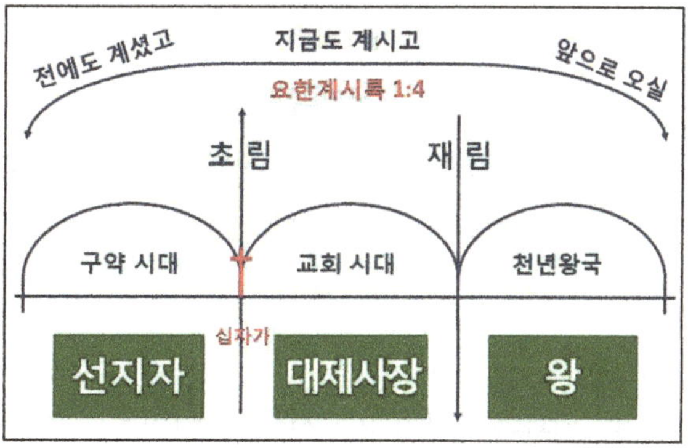

1) 예수 그리스도께서는 "**지금도 계시고**"(현재 - 제사장) "**전에도 계셨고**"(과

거 - 선지자), "**앞으로 오실**"(미래 - 왕) 분이시다(4,8절).

2) 하나님의 "**일곱 영을 가지신**" 분이시다(4절, 3:1; 5:6).

➡ "일곱 영"은 ① "주의 영," ② "지혜의 영," ③ "명철의 영," ④ "계획의 영," ⑤ "능력의 영," ⑥ "지식의 영," ⑦ "주를 두려워하는 영"을 의미한다(사 11:2).

3) "**신실한 증인**"이시다(5절).

4) "**죽은 자들 가운데서 첫째로 나신 분**"이시다(5절).

➡ 죽은 자들 가운데서 살아나시어 "**다시는 죽지 않으실 첫 번째 사람**"이 되셨다(골 1:18).

5) 땅의 왕들의 "**통치자**"이시다(5절).

6) 하나님의 피로(행 20:28) "**죄들에서 씻기신**"(5절) 성도들을 아버지 하나님을 위해 "**왕들과 제사장들**"로 삼으셨다(6절).

7) 실제적이고 가시적이며 물리적이고 공개적으로 "**이 땅에 재림**"하신다.

➡ **『보라, 그가 구름들과 함께 오시리니, 모든 눈이 그를 볼 것이며, 그를 찌른 자들도 볼 것이요, 또한 땅의 모든 족속이 그로 인하여 애곡하리라. 그대로 되리로다. 아멘』**(7절, 슥 12:10, 마 24:30; 26:64, 시 104:3, 행 1:9-11).

8) "**알파와 오메가**"요, "**시작과 끝**"(처음과 마지막)이시다(8,11,17절).

➡ **『이스라엘의 왕인 주, 곧 만군의 주인 그의 구속주가 이같이 말하노라. 나는 처음이요 나는 마지막이라. 나 외에 다른 하나님이 없느니라』**(사 44:6).

9) 일곱 금촛대 가운데 계신 "<u>인자 같은 분</u>"이시다(13-16절).

(1) "발"까지 닿는 옷을 입으시고, "가슴"에는 금으로 만든 띠를 두르고 계신다(13절).

(2) "머리"와 "머리털"은 눈처럼 희어서 양모처럼 하얗고, "눈"은 불꽃같으시다(14절).

(3) "발"은 용광로에 달군 듯한 빛나는 놋 같고, "음성"은 많은 물소리 같으시다(15절).

(4) "오른손"에는 일곱 별을 가지셨고, "입"에서는 날카로운 양날 가진 칼이 나오며, "용모"는 해가 그 맹렬한 기세로 비치는 것 같으시다(16절).

▲ 금촛대 가운데 계신 주님

▲ 불꽃 같은 눈을 가지신 주님

10) "<u>지옥과 사망의 열쇠들을 가지신</u>" 분이시며, 영원무궁토록 살아 계시는 분이시다(18절).

➡ 구원받은 우리는 설령 우리가 지옥에 가더라도 걱정하지 않는다. 왜냐하면 우리의 구주이신 예수 그리스도께서 지옥과 사망의 열쇠들

▲ 지옥과 사망의 열쇠들을 가지신 주님

을 가지셨고, 우리는 그분께 속해 있으며, 그분께서는 우리 안에 계시기 때문이다. 즉 우리에게는 그 열쇠들이 있기에 지옥에서 나올 수 있는 것이다. 『**나는 살아 있는 자며, 죽은 자였으나, 보라, 영원무궁토록 살아 있노라. 아멘. 또한 내가 지옥과 사망의 열쇠들을 가졌노라**』(1:18).

영광을 받으신 주 예수 그리스도의 모습을 보라. 더 이상 초림 때의 나약한 모습이 아니시다. 오늘날 예수님을 묘사해 놓은 대부분의 그림들은 로마카톨릭에 속한 화가들이 그린 그림들이라서, 노란 머리와 파란 눈을 가진 게르만인들의 모습, 게다가 유약하기 짝이 없는 모습이다. 하지만 초림 당시, 예수 그리스도께서는 희고 붉은 용모에 검은 머리와 회색 눈을 가지신(솔 5:9-16) 강인한 정통 유대인이셨다. 그러나 영광을 받으신 예수 그리스도의 모습은 초림 당시의 그런 모습을 초월하신다. 빛나고 위엄 있는 용모에 눈은 횃불 같고(단 10:5,6) 입에서는 양날 가진 칼이 나온다. 주님께서는 그 모습 그대로 이 땅에 재림하실 것인데, 그때 과연 태양과 같이 찬란한 그분의 용모 앞에서 떨지 않을 자가 누구겠는가?

■ 새롭게 깨달았거나 적용할 내용이 있다면 적어 보세요. ■

미래의 "주의 날"(Lord's Day)로 이동한 사도 요한(9,10절)

1. "주의 날"(the Day of the Lord)

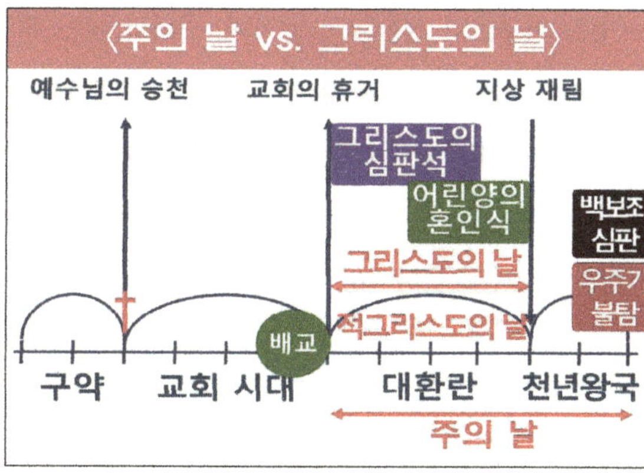

1) **역사적인 적용** : 미래의 대환란과 재림 때 있을 일들을 예표한다.
   (1) 이방 민족들(앗시리아, 바벨론)을 통해 범죄한 이스라엘을 징계하고 심판하시는 날
   (2) 징계의 도구로 사용된 이방 민족들을 심판하시는 날

2) **교리적인 적용** : ❶ 대환란을 통한 진노의 심판, ❷ 재림을 통한 심판(아마겟돈 전쟁), ❸ 천년왕국과 예수 그리스도의 통치, ❹ 천년왕국 끝의 마지막 심판(우주가 불탐, 백보좌 심판)

3) **주의 날의 특징 : "부정적" - 진노와 심판과 멸망과 울부짖음과 황폐함**
   ➠ 흑암과 암영의 날(욜 2:2), 구름과 짙은 어둠의 날(욜 2:2), 희생의 날(습 1:7-9), 애곡하는 날(습 1:10,11), 주의 큰 날(습 1:14), 진노의 날, 고난과 고통의 날, 황폐와 황량의 날, 어두움과 침침함의 날, 구름과 짙은 흑암의 날, 나팔과 경고의 날(습 1:15,16), 진노의 날(습 1:18),

분노의 날(습 2:2,3), 주께서 민족들을 먹이로 삼는 날(습 3:8)[2)]

『**주**의 큰 날이 가깝도다. 그 날이 가깝고도 심히 급하니, 곧 **주**의 날의 음성이라. 용사가 거기에서 비통하게 부르짖으리라. 그 날은 진노의 날이요, 고난과 고통의 날이며, 황폐와 황량의 날이요, 어두움과 침침함의 날이며, 구름과 짙은 흑암의 날이요, 방벽 친 성읍들과 높은 망대들을 향한 나팔과 경고의 날이라... **주**의 진노의 날에는 그들의 은이나 금도 그들을 구해 내지 못할 것이며, 그 온 땅이 그의 질투의 불로 삼켜지리니, 이는 그가 그 땅에 거하는 그들을 모두 신속히 제거할 것임이라』(습 1:14-16; 1:18).

▲ 팟모 섬의 사도 요한

2. "주의 날"로 이동한 사도 요한

➠ A.D. 91-96년경에 요한은 "팟모 섬"에서 요한계시록을 기록하고 있었는데(9절), 그의 몸이 "주의 날,"[3)] 곧 미래의 환란 시대와 재림 때로 초자연적이고 기적적인 이동을 하게 된다(10절).

---

2) 교만한 자들을 낮추시는 날(사 2:12), 울부짖는 날, 멸망의 날(사 13:6), 진노와 맹렬한 분노, 잔인함, 황폐함, 멸망의 날(사 13:9), 전쟁의 날(겔 13:5), 구름 낀 날, 이방의 때(겔 30:3), 슬픔의 날, 멸망의 날(욜 1:15), 경고의 소리를 내는 날, 땅의 모든 거민들이 떠는 날(욜 2:1), 위대하고 두려운 날(욜 2:11), 결단의 골짜기에 무리를 모으는 날(욜 3:14), 화와 어둠의 날(암 5:18), 어둠의 날, 빛이 없는 날(암 5:20), 보응의 날(옵 1:15), 비통하게 부르짖는 날(습 1:14), 약탈물이 나뉘는 날(슥 14:1) 등

3) "주의 날"은 흔히 "주일날"(주일)이라고 부르는 일요일을 말하는 것이 아니다. 이것은 예언적인 날로서 예수 그리스도께서 재림하시는 날이다. 교회의 휴거부터 대환란을 거쳐 예수 그리스도의 지상 재림까지, 더 나아가 그분께서 재림하시어 다스리실 천년왕국의 끝까지 이 전체의 기간을 아우르는 날이 주의 날인 것이다.

일곱 별과 일곱 금촛대의 신비(11,12,19,20절)

1. 일곱 별과 일곱 금촛대의 신비에 관한 해석의 열쇠

1) 10절과 19절은 요한계시록을 올바르게 해석하는 열쇠이다.

▲ 미래로 이동한 요한

➠ 사도 요한은 미래의 대환란과 재림의 시점으로 옮겨가 있기 때문에, 19절에서 『네가 본 것들』은 "교회 시대"에 해당하고, 『현재 있는 일들』은 "대환란과 재림"과 관계가 있으며, 『이후에 일어날 일들』은 "천년왕국과 영원 시대"에 해당한다(15,16페이지 "요한계시록의 세 가지 구분과 사도 요한의 위치" 참조).

2) "일곱 금촛대"는 소아시아의 "일곱 교회"를 의미하고, "일곱 별"은 일곱 교회에 보내는 "일곱 천사"를 가리킨다(20절).

▲ 계시를 기록하는 요한

➠ 『말씀하시기를 "나는 알파와 오메가요 처음과 마지막이라. 그러므로 네가 보는 것을 책에 써서 아시아에 있는 일곱 교회, 곧 에베소와 스머나와 퍼가모와 두아티라와 사데와 필라델피아와 라오디케아에 보내라." 하시더라』(11절).

일곱 교회 시대	이름의 뜻	성경 본문 [기간(A.D.)]	시대를 특징짓는 주요 내용	성경대로 믿는 그룹
에베소 (Ephesus)	온전히 목적된	2:1-7 [30-100]	사도들의 시대, 성경의 기록, 교회의 시작과 형성	사도들
스머나 (Smyrna)	몰약	2:8-11 [100-325 (313)]	교부들의 시대, 로마 제국에 의한 박해의 기간, 거짓 교리들이 준비됨	몬타니스트, 노바티안
퍼가모 (Pergamos)	숱한 결혼	2:12-17 [325(313) -500]	기독교 공인, 가짜 교회의 등장, 로마카톨릭이 준비되고 형성되는 기간	도나티스트
두아티라 (Thyatira)	고통의 향기	2:18-29 [500-1000]	[암흑 시대] 교황 제도에 입각한 로마카톨릭(교황)의 본격적인 등장	폴리시안
사데 (Sardis)	붉은 자들	3:1-6 [1000-1500]	[암흑 시대] 로마카톨릭 교회(교황)의 절정과 쇠퇴	왈덴시안
필라델피아 (Philadelphia)	형제의 사랑	3:7-13 [1500-1900]	종교 개혁 및 부흥의 시대	재침례교도
라오디케아 (Laodicea)	시민의 권리	3:14-22 [1900-휴거]	배교의 시대	성경대로 믿는 사람들

요한계시록 1-3장에 등장하는 "일곱 교회"에 관한 계시가 2천 년간의 교회 시대의 역사와 관련하여 사도 요한에게 주어지고 있다. 교리적으로는 대환란 때의 지역 교회들에 적용되는 내용이지만, 영적으로는 사도들의 시대부터 휴거 때까지의 교회사를 보여 주고 있는 것이다. 또한 어느 시대 어떤 지역 교회들에도 교훈을 위한 영적 적용이 가능하다.

라오디케아 교회 시대를 살아가는 성도로서의 각오를 써 보세요.

➡

일곱 교회 시대 개요(1:20-3:22)

1. "밤의 네 경점"으로 구분해 본 교회 시대(막 13:35)

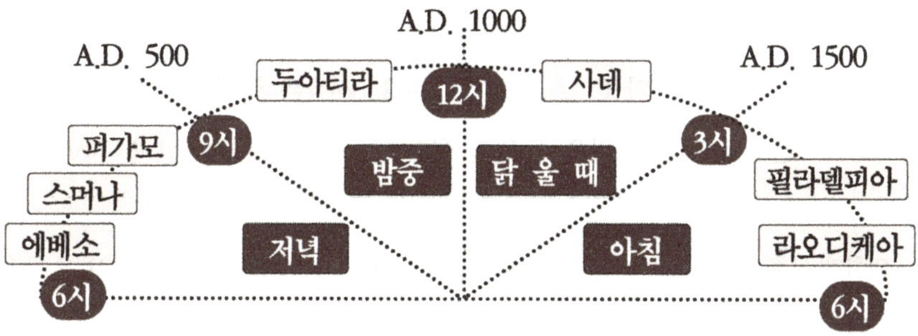

2. "낮에 일하는 관점"으로 구분해 본 교회 시대(마 20:1-16, cf. 마 21:33-46)

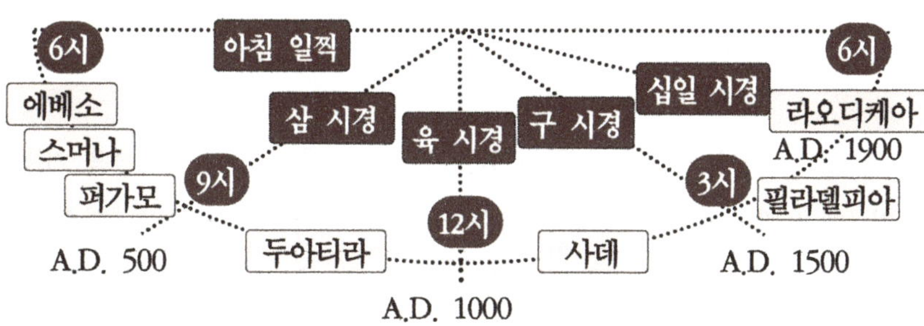

■ 새롭게 깨달았거나 적용할 내용이 있다면 적어 보세요. ■

제2과
복습문제

1. 『나는 ( )와 ( )요, 시작과 끝이라. 주, 곧 지금도 계시고 전에도 계셨고 앞으로 오실 전능하신 분이 말하노라』(계 1:8).

2. 요한계시록에는 "일곱"이란 숫자가 많이 나온다. 『네가 본 것은 나의 오른손 위의 일곱 별과 일곱 금촛대의 신비라. 일곱 별은 일곱 교회의 ( )들이요, 네가 본 일곱 촛대는 일곱 ( )라』(계 1:20).

3. 일곱 교회의 신비는 신약 교회사와 무관하다. (O , X)

4. 『그러므로 네가 본 것들과 현재 있는 일들과 이후에 일어날 일들을 기록하라』(계 1:19). 여기서 "네가 본 것들"은 "교회 시대"에 해당하고, "현재 있는 일들"은 "( )과 재림"과 관계가 있으며, "이후에 일어날 일들"은 "( )과 영원 시대"에 해당한다.

5. 『내가 ( )에 성령 안에 있었으며 나팔 소리 같은 큰 음성을 내 뒤에서 들었는데』(계 1:10).

■ 복습 문제의 정답은 홈페이지(www.solomonbtc.org)에서 확인할 수 있습니다.

NOTES

NOTES

제3과
에베소와 스머나 교회
(2:1-11)

『그러므로 네가 어디서 떨어졌는지를 기억하고 회개하며, 너는 처음 일들을 행하라. 만일 그렇지 않고 회개하지 아니하면 내가 속히 너에게 와서 네 촛대를 그 자리에서 옮기리라』(계 2:5).

교회의 사명

<u>교회는 "조직체"가 아니라 "유기체"이다.</u> 따라서 교회는 회원들의 권익을 도모하는 사회단체가 아니며, 인간의 육신을 만족시키기 위한 사교장도 아니다. 가난한 회원들을 돕기 위해 면죄부나 어떤 상품을 파는 상점도 아니고, 사람들의 타락한 육신을 구제하기 위한 사회복지단체도 아니다. 성경은 세상의 모든 범죄의 근원이 "죄"이며, 바로 이 죄를 없애는 유일한 방법이 "예수 그리스도의 보혈"임을 분명하게 밝히고 있다. <u>그래서 예수님께서 이 세상에 복음을 주신 것이고, "교회의 사명" 또한 이 복음을 세상에 전하는 것이다.</u> **『내가 그리스도의 복음을 부끄러워하지 아니하노니 이는 이 복음이 믿는 모든 사람을 구원에 이르게 하는 하나님의 능력이 됨이라. 첫째는 유대인에게요, 또한 헬라인**[이방인]**에게로다』**(롬 1:16).

<u>교회 시대에 복음이 의도하는 목적은 사회를 구원하는 것이 아니고, "그리스도의 몸"인 교회를 구성하기 위해 개개인을 구령하는 것이다.</u> 오늘날 대부분의 교회들은 천년왕국 시대의 이스라엘에게 주어질 지상 정복과 영광에 대한 약속을 "교회"에게 적용하는 큰 오류를 범하고 있다. "세상과의 타협"을 시작하고 구원받지 않은 자들로 구성된 정부 및 사회단체 등의 요구에 동조하면서 성령의 능력을 상실하고 구원의 능력마저 상실하게 된 것이다(클라렌스 라킨의 〈세대적 진리〉, pp.137,140, 「IV. 교회의 사명」).

에베소 교회(1-7절) : 사도들의 시대, 초기 교회 시대

1. 에베소 교회의 실상을 보여 주는 "예수 그리스도의 모습"(1절)

1) 일곱 별을 가지시고 일곱 금 촛대 가운데서 거니시는 주 예수 그리스도의 모습은, "충열"처럼 곧았고 주님을 위해 성경적으로 온전한 목적을 수행했던 강한 정통성을 지닌 "에베소 교회"의 모습을 잘 보여 준다. 왜냐하면 성경에서 "일곱"이란 숫자는 "완전함"을 의미하기 때문이다.

▲ 금촛대 가운데 계신 주님

2) 이것은 교회사 초기, 곧 사도들이 주축을 이루었던 초기 교회 시대가 얼마나 성경적으로 올바른 길을 걸었는지를 잘 반영해 주고 있다.

2. 에베소 교회를 향한 "칭찬"(2,3,6절)

1) 열심히 일하며 수고하는 교회였다. 하나님께서 맡기신 일을 "땀 흘려서" 수행하는 교회였던 것이다(2,3절).

▲ 영적 분별력을 가진 교회

2) 자칭 사도라 하는 자들을 시험하여 그들이 거짓말쟁이임을 찾아냈을 만큼(2절) "영적인 분별력"을 가진 교회였다.

역사가 인정하는 유일한 "사도적인 계승"은 사도들의 휘하에서 개종한 사람들(행 1-28장)의 계승 외에는 없다! 따라서 어떤 사람이 자기에게 "사도적인 믿음"이 있음을 증명하기 위해 사도행전 2장을 근거로 삼거나, 안수를 받고 사도직을 계승하여 "사도적인 권위"가 있음을 입증하려고 마가복음 16장을 근거로 삼고 있다면 그는 "종교 사기꾼"이다. 켐벨주의자들(그리스도의 교회), 여호와의 증인들, 몰몬교도들, 카톨릭교도들 등은 사도들이 아니며, 그들에게 사도적인 권위 같은 것은 없다. 그들은 사도들의 맥을 계승한 적이 없으며, 그들이 내세우는 유일한 권위는 돈과 부동산과 교인 수 등이다. 그들의 영적인 힘과 경건의 능력은 전적으로 죽어 있다. 그들은 무지한 사람들을 협박하여 교회 출석이나 헌금, 성사 등을 강요함으로써 사람들의 마음과 양심을 통제한다. 이들은 사도들이 아니라 거짓말쟁이들이다! 에베소 교회는 이 점을 알았기에 그들을 철저히 시험하여 내쫓았던 것이다.

▲ 니콜라파의 행위를 미워함

3) "**니콜라파의 행위**"를 미워했다(6절).

➟ "니콜라파"(Nicolaitane)란 단어는 "니카오"(Nikao, 지배하다)라는 단어와 "라오스"(Laos, 평범한 사람)라는 단어가 결합된 말로서 "**백성들을 지배한다**"는 의미이다. 즉 성직자와 평신도 계급을 나누어서 성직자가 평신도를 지배하는 "교권주의"를 가리킨다. 오늘날 로마카톨릭이나 제도권 교회들에 속한 많은 개신교회들이 이런 "니콜라파의 행위"를 자행하고 있다. 하지만 에베소 교회는 그런 행위를 미워했던 것이다.

3. 에베소 교회를 향한 "책망"(4절)

➠ <u>에베소 교회는 "첫사랑"을 저버렸다</u>. 그 사랑은 진리의 성경인 하나님의 말씀들을 지킬 때 유지될 수 있는데(요 14:23), 어느새 말씀에 대한 사랑이 점차 식어 갔던 것이다. 특히 사도들이 죽자 그들이 지녔던 열정과 헌신은 세대를 거듭하여 지속되지 못하고 오히려 쇠퇴했다. 모든 배교는 하나님의 말씀을 거절하면서 시작된다!

4. "회개"에 대한 명령(5절)

➠ <u>어디에서 떨어졌는지를 "기억"하고 "회개"하며 "처음 일들"을 행해야 한다</u>. 그렇지 않으면 하나님께서 촛대를 옮기실 것이다.

5. 에베소 교회를 향한 "약속"(7절)

1) "이기는 자"에게 하나님의 낙원 가운데 있는 "생명 나무를 먹을 수 있는 권리"가 약속된다. **<u>이것은 교회 시대의 교리가 아니고 환란 시대의 교리이다. 왜냐하면 거듭난 그리스도인은 모두 이미 "이긴 자들"이기 때문이다(요일 4:4; 5:4)</u>**. 또한 믿음을 통해 이미 영생을 소유하고 있기 때문에(요 3:36, 요일 5:13), 영생을 얻기 위해 생명 나무를 먹을 필요도 없다.

2) 그러나 믿음과 행위로 구원을 받는 환란 시대의 성도들은 그 "시험과 고난의 때"에 인내로 끝까지 견뎌서 승리해야 한다. 그렇지 않으면 구원을 잃어버려 지옥에 갈 수 있기 때문이다. 따라서 끝까지 "계명들을 행함으로써" 생명 나무를 먹을 수 있는 권리를 얻어야 하는 것이다. 『**그의 계**

명들을 행하는 자들은 복이 있나니, 이는 그들이 생명 나무에 대한 권리를 가지며 또 그 문들을 통하여 도성 안으로 들어가게 하려 함이니라』 (계 22:14).

에베소 교회 시대는 "**사도들의 시대**"로서, 열한 명의 사도와 열두 번째 사도인 맛디아 그리고 이방인의 사도인 사도 바울이 활동했다. 또한 죽기 전에 "몬타니스트," 곧 전천년주의자가 된 "**터툴리안**"이 사역했고, 사도 요한과 동시대의 인물로서 예수 그리스도로 인해 로마의 원형경기장에서 86세의 나이에 화형을 당한 "**폴리캅**"이 활동했다.

그러나 "이레내우스"와 "터툴리안"의 저서에서 배교의 조짐들이 나타나기 시작했는데, 그들이 "물 침례"를 "구원을 받기 위한 필수 조건"이라고 암시했고, 이레내우스는 "허마의 목자"라고 불리는 글을 "정경"이라고 주장했던 것이다. 또한 사도직을 계승했다고 주장하는 교부들도 등장했고, "이그나티우스"와 "파피아스" 등의 글에서는 "침례를 통한 중생"과 "성직자 계급 제도인 니콜라파 조직"과 같은 거짓 교리들이 싹트기 시작했다.

▪ 새롭게 깨달았거나 적용할 내용이 있다면 적어 보세요. ▪

스머나 교회(8-11절) : 교부들의 시대, 박해받는 교회

1. 스머나 교회의 실상을 보여 주는 "예수 그리스도의 모습"(8절)

➡ 『**죽었으나 살아 계신 분**』(8절)으로 묘사되는 예수 그리스도의 모습은 로마 제국에 의해 박해를 받는 스머나 교회 시대의 실상을 잘 보여 준다.

"그들은 양처럼 살았고, 성도처럼 기도했고, 사자처럼 설교하고 전파했으며, 파리처럼 죽어 갔다"(피터 S. 럭크만).

2. 스머나 교회를 향한 "칭찬"(9,10절)

1) 『**내가 너의 행위와 환란과 궁핍을 아노라. (오히려 네가 부요한 자로다.)**』(9절). "스머나"는 "몰약"(죽음)을 뜻하고, 참된 그리스도인들이 로마제국에 의해 죽임당하고 화형당하고 고문당하고 살해되는 교회 시대다.

2) <u>이 기간에 로마제국의 공식적인 박해가 "열 번" 있었다</u>. 『**마귀가 너희 중 몇 사람을 감옥에 던져서 시련을 당하게 하리니 그러면 너희가 열흘 동안 환란을 받으리라**』(10절). "열흘 동안의 환란"은 공식적인 "열 차례의 박해"를 상징한다.

이 박해의 기간에는 "<u>성도들의 삶이 땅 위의 박해와 땅 밑의 기도로 점철되었다</u>." 왜냐하면 성도들이 땅 위에서는 원형경기장에서 순교를 당했고, 땅 아래에서는 박해를 피해 카타콤에서 기도하며 생활했기 때문이다.

(1) 독재자 "<u>네로</u>"의 통치하의 첫 번째 박해(A.D. 67) : 미친 독재자 네로는 로마를 불태우도록 명령했고, 9일 동안 지속된 대화재의 원인을 그리스도인들에게 전가시킨 후 그들을 대대적으로 박해했다. 이 시기에 사도 바울이 순교했다.

(2) "<u>도미티안</u>" 통치하의 두 번째 박해(A.D. 81) : 타고난 잔인성을 지녔던 도미티안은 아무 이유 없이 사람들을 죽이기도 했다. 이 기간에 마가와 안드레가 순교당한 것으로 추정되고, 사도 요한 역시 밧모섬으로 추방되어 죽게 된다.

<u>사탄이 처음에 교회를 공격할 때 주로 사용했던 방법은 "물리적인 박해"였다. 이것은 주로 "로마제국"(정치적 로마)과 "로마카톨릭"(종교적 로마)에 의해 자행되었다</u>. 그래서 문제의 핵심이 "로마"에 있는 것이다. 로마는 예수 그리스도께 사형을 집행했다. 예수님께 가시관을 씌운 것은 로마였다. 그분을 십자가에 못 박은 것도, 옆구리에 창을 찌른 것도 로마였다. 베드로를 감옥에 넣은 것도, 야고보의 목을 벤 것도 로마였다. 바울을 감옥에 넣고 목 베어 죽인 것 역시 로마였다. 또한 그리스도인들을 고문하고 화형시키고 매질하고 사자에게 잡아먹히게 함으로써 무죄한 피를 흘리게 한 것 역시 로마였다. 정치적 로마이든, 종교적 로마이든 마찬가지이다. 종교적인 로마라고 해서 극악한 박해가 달라졌는가 하면 그렇지도 않다. 교황들은 로마제국이 100년 동안 그리스도인들을 죽인 것보다 훨씬 더 많은 성도를 단 50년 만에 살해했다. 그래서 요한계시록 17:6에서는 로마카톨릭에 대해 『**그 여자가 성도들의 피와 예수의 순교자들의 피에**』 취했다고 말씀하는 것이다. <u>하나님께서는 신약 성도들의 피에 대한 책임을 반드시 교황들을 위시한 로마카톨릭에게 물으실 것이다.</u>

▲ 박해받는 성도들

(3) "**트라얀**" 통치하의 세 번째 박해(A.D. 108) : 어린 소녀들까지 고문할 정도로 잔악한 황제였다. 이 시기에 시리아 안티옥 교회의 감독이었던 이그나티우스가 순교했다.

(4) "**마르쿠스 아우렐리우스**" 통치하의 네 번째 박해(A.D. 162) : 그는 잔인한 전제 군주였는데, 유독 그리스도인들에게 독기를 품고 사납게 굴었다. 이 시기에 전천년주의자들인 "몬타니스트들"이 등장했고 저스틴 마터가 순교했다.

(5) "**세베루스**" 통치하의 다섯 번째 박해(A.D. 192) : 세베루스는 우연히 발생한 재난들을 그리스도인들의 탓으로 돌렸고, 이로 인해 피비린내 나는 박해가 일어났다. 클레멘트는 당시의 상황에 대해 "많은 순교자들이 매일 불타 죽었고 십자가에 못 박혔으며 목 베임을 당했다"고 말했다. 이때 리용의 감독 이레내우스가 순교했다.

(6) "**막시무스**" 통치하의 여섯 번째 박해(A.D. 235) : 그는 소아시아에 있는 캅파도키아를 중심으로 박해했다.

(7) "**데시우스**" 통치하의 일곱 번째 박해(A.D. 249) : 그는 교회들이 확산되는 것에 분노를 품고 박해했는데, "그리스도인"이라는 이름을 완전히 뿌리 뽑으려 했다.

(8) "**발레리안**" 통치하의 여덟 번째 박해(A.D. 257) : 이 박해는 3년 반 동안 지속되었다. 그리스도인들의 모임을 금지했고, 감독들(목사들)과 집사들을 사형에 처했으며, 그리스도인들의 재산을 압류했다.

(9) "**아우렐리안**" 통치하의 아홉 번째 박해(A.D. 274) : 이 시기에 "노바티안들"이 등장했는데, 이들은 믿는 성인들만의 침례를 주장했고 지역 교회의 순수성을 지키기 위한 성경적 징계를 가르쳤다.

(10) "디오클레시안" 통치하의 열 번째 박해(A.D. 303) : 박해가 10년 동안 지속되었다. 당시 순교한 그리스도인은 약 1만 명, 고문, 투옥, 추방된 성도는 약 2만 명에 달했다. 이 시기에 "도나티스트들"이 등장했는데, 이들은 유아세례를 거부했고 믿는 성인들에게만 침례를 주었다. 침례와 관련하여 로마카톨릭과 개신교에서 추종하는 어거스틴과 대립하기도 했다.

3) 하나님께서는 그들의 환란과 궁핍에도 불구하고 스머나 교회를 부요한 자들로 평가하셨는데(9절), 이것은 배교한 라오디케아인들의 교회 시대와 사뭇 대조적인 모습이다. 『**네가 말하기를 "나는 부자며, 부요하고, 아무것도 부족한 것이 없다."고 하지만 너는 비참하고, 가련하며, 가난하고, 눈멀고, 헐벗은 것을 알지 못하는도다**』(계 3:17).

3. 스머나 교회를 향한 "책망"(9절)

➠ 자칭 유대인이라고 말하는 자들의 "모독"이 있었는데, 사실 그들은 "유대인"이 아니라 "사탄의 회당"이었다. 그들은 하나님께서 물리적인 이스라엘 민족과 영원히 관계를 끊으셨기에, 이제는 자신들이 그들을 대신하는 참된 "유대인들"이 되었다고 거짓말하는 자들이다(어거스틴, 무천년주의 및 후천년주의).

4. 스머나 교회를 향한 "명령"(10절)

➠ 고난받게 될 것을 두려워하지 말고 죽기까지 신실해야 한다. 순교자들에게는 "생명의 면류관"이 주어진다.

5. 스머나 교회를 향한 "약속"(11절)

➠ "이기는 자"에게 "둘째 사망"(불못에 던져지는 것, 20:14; 21:8)으로부터 해를 받지 않는 약속이 주어진다. 이것 역시 요한계시록 2:7과 더불어 환란 시대의 교리이다.

스머나 교회 시대는 소위 "교부들[4]의 시대"이다. 교부들 대부분은 그들의 생애를 거리로 직접 나가서 믿음을 전파하고 실행하는 대신 글이나 논쟁을 통해 믿음을 옹호하면서 보냈다. 반면에 믿음을 성장시키고 전파한 순교자들은 죽임을 당했는데, 이들 그리스도의 증인들이야말로 진정한 사역자들이었던 것이다.

한편 교부들을 통해 거짓 교리들이 스며들기 시작했는데, 이러한 거짓 교리들은 그다음 교회 시대인 퍼가모 교회 시대에 로마카톨릭이 형성되는 교리적인 기반이 된다. 일례로 자칭 유대인이라고 주장하는(2:9) "후천년주의 교리"가 대두되었고, "금욕주의를 통한 행위 구원"이나(클레멘트) "주의 만찬에 대한 왜곡된 교리"(시프리안) 또는 "침례를 통한 중생"(저스틴 마터)과 같은 강력한 누룩들이 스며들어 왔던 것이다. 이러한 누룩들은 퍼가모 교회 시대의 어거스틴에게 이르러서 절정에 달하고 카톨릭의 교리로 정착이 된다. 이에 반해 침례에 의한 중생을 거부하고, 전천년주의를 믿었던 성경대로 믿는 사람들, 곧 "노바티안들"이나 "도나티스트들"이 등장하여 성경적 믿음을 지키며 활동했다.

4) "교부"(教父, church-father)라는 용어는 교회에서 말씀을 가르치는 감독 혹은 장로를 아버지처럼 생각하는 데서 나온 것이지만(필립 샤프), 이것은 비성경적인 용어이다. 왜냐하면 성경에서는 종교지도자를 가리켜 "아버지"라 부르는 것을 금했기 때문이다(마 23:9).

『죽기까지 신실하라. 그러면 내가 네게 생명의 면류관을 주리라』(2:10). 마지막 배교한 교회 시대의 문제점은 이런 순교자의 정신이 실종되었다는 데 있다. 교리적 성별에 대한 의지 역시 실종되었다. 전천년주의적인 믿음과 그에 입각한 삶의 태도도 부재하다. 특히 이런 믿음을 지키기 위해 싸우려는 성도들이 많지 않다. 아니, 왜 그런 믿음을 견지해야 하는지, 또 그런 믿음을 위해 왜 싸워야 하는지 그 이유조차 모른다. 더 나아가 싸울 줄도 모른다. 성별해야 하는 필요성을 모르는 세대들도 많아지고 있다. 어떤 형태로든 적들과 부딪쳐 보려 하지 않는 성도들도 증가하고 있다. 그러다 보니 교리적 성별을 위한 싸움을 무익하게 여기고 순교자적인 믿음을 병적인 광신자들의 생각으로 치부해 버린다. 그래서 그들은 싸움을 포기하고 말았다.

그래서 지난날 믿음의 용사였던 밴스 헤이브너는 이렇게 말했다. "어떤 성도들은 한때 건전한 교리를 수호하기 위한 투사였지만 언제부터인가 슬그머니 뒤로 물러나 있다. 그러고는 하늘 높이 앉아 '진흙탕 싸움에 뛰어들지 않겠노라.'라고 하면서 팔짱이나 끼고 앉아 있다. 하지만 누군가가 믿음을 지키기 위해 팔을 걷어붙이고 싸운다면 그것은 결코 진흙탕 싸움에 뛰어들어 진창에 뒹구는 게 아니다. 믿음을 위한 싸움은 쉬운 싸움이 아니다. 이 싸움은 결코 기분 좋은 사업도 아니다. 여기에는 많은 위험도 따른다. 그렇다고 누가 고맙게 여겨 주지도 않는다. 이 시대는 선지자들의 시대가 아니라 외교관들의 시대다. 이 시대에는 반대자보다는 유화 정책을 쓰는 자가 더 환영을 받는다. 루터의 시대가 아니라 에라스무스의 시대요, 바울이 아니라 가말리엘의 시대인 것이다."

하지만 우리의 싸움은 아직 끝난 게 아니다. 사탄은 우리에게 진리를 위한 싸움을 멈추라고 미혹한다. 하지만 우리는 믿음의 선한 싸움을 지속해 나가야 한다. "죽기까지 신실하라!" 이 순교자적인 자세에 관한 명령을 주님께서 오실 그날까지 우리 마음속에 굳게 각인시켜야 할 것이다.

『너는 고난받게 될 일들을 전혀 두려워하지 말라. 보라, 마귀가 너희 중 몇 사람을 감옥에 던져서 시련을 당하게 하리니 그러면 너희가 열흘 동안 환란을 받으리라. 죽기까지 신실하라. 그러면 내가 네게 생명의 면류관을 주리라』(2:10).

■ 새롭게 깨달았거나 적용할 내용이 있다면 적어 보세요. ■

제3과
복습문제

1. 에베소 교회의 문제점은 (　　　　　　)을 저버렸다는 데 있다.

2. 그리스도인들도 하나님의 낙원 가운데 있는 생명 나무를 먹기 위해서는 인내로 끝까지 견뎌서 이기는 자들의 대열에 동참해야 한다. (O , X)

3. "스머나"란 이름의 뜻은 (　　　　　　)이다.

4. 『내가 너의 행위와 환란과 궁핍을 아노라. (오히려 네가 부요한 자로다.) 자칭 유대인이라고 말하는 그들의 모독을 아노니 그들은 유대인이 아니요, 오히려 (　　　　　　) 회당이니라』(계 2:9).

5. 『너는 고난받게 될 일들을 전혀 두려워하지 말라. 보라, 마귀가 너희 중 몇 사람을 감옥에 던져서 시련을 당하게 하리니 그러면 너희가 열흘 동안 환란을 받으리라. 죽기까지 신실하라. 그러면 내가 네게 (　　　　　　) 면류관을 주리라』(계 2:10).

■ 복습 문제의 정답은 홈페이지(www.solomonbtc.org)에서 확인할 수 있습니다.

NOTES

NOTES

제4과

퍼가모와 두아티라 교회

(2:12-29)

『회개하라. 그리하지 아니하면 내가 네게 속히 와서 내 입의 칼로 그들과 싸우리라』(계 2:16).

퍼가모 교회(2:12-17) : 세속화된 가짜 교회[로마카톨릭] 등장

1. "날카로운 양날 가진 칼을 가지신 분"의 편지

『퍼가모 교회의 천사에게 편지하라. 날카로운 양날 가진 칼을 가지신 분이 이 일들을 말씀하시느니라』(12절).

▲ 국가 교회의 탄생

1) 퍼가모 교회는 "날카로운 양날 가진 칼"을 가지신 주 예수 그리스도께서 세 번째로 언급하신 교회다. 그 교회의 이름인 "퍼가모"는 "숱한 결혼," 곧 세상과의 연합으로 특징지어지는 교회 시대이다.

2) 퍼가모 교회 시대는 A.D. 325년에서 500년까지의 교회사 기간으로, "로마카톨릭"이 본격적으로 등장하고 암흑시대가 뒤따른다.

3) 초기에 로마제국 치하에서 살다가 로마 교황의 치하에 있게 된 퍼가모 그리스도인들은 세상과 결혼한 로마카톨릭의 이단 교리를 상대로 "날카로운 양날 가진 칼"(1:16; 2:12), 곧 "하나님의 말씀"(히 4:12, 엡 6:17)으로 싸우는 교회였다!

▲ 에큐메니칼 운동

(1) 성경대로 믿는 그리스도인들은 〈표준원문〉이라 불리는 "시리아 계열의 비잔틴 원문"을 사용하여 복음을 전하고 올바른 성경

을 사용했다는 이유로 불법자로 투옥되었다. 특히 이 원문을 러시아어로 번역하기도 했고 "황금의 입"으로 불렸던 설교자 크리소스톰이 있었다.

(2) 로마카톨릭의 "바티칸 사본"이나 제롬의 "라틴 벌게이트"를 거부하고 〈표준원문〉과 일치하는 〈구라틴 역본〉의 요한복음 1:12로 복음을 전했던 전천년주의자 패트릭(Patrick, A.D. 389)이 있었다.

(3) 스코틀랜드와 영국의 콜럼바, 알반, 쿠스버트, 피난, 프랑스 라벤나의 피터와 엘지우스, 노르웨이와 스웨덴의 안스가르, 림버트, 니따르, 윌리브로드, 엑버트, 바우버트, 하르팍, 트릭베슨은 우리에게 〈킹제임스성경〉으로 알려진 라틴 "표준원문"(〈구라틴 역본〉)을 전파했던 위대한 전도자들이었다. 수도승인 살비안은 복음을 전했으며 로마카톨릭에 저항했다. 아다, 르뷘, 체드, 아단도 복음을 전했다. 이들은 모두 바른 원문으로 된 "하나님의 말씀의 칼"로 로마카톨릭의 거짓 교리와 "싸웠던" 성경대로 믿는 사람들이었다.

(4) 거듭난 그리스도인들이야말로 신약의 제사장이라는(벧전 2:9) 교리를 가르쳐서 로마카톨릭으로부터 "무시무시한 이단"으로 낙인찍힌 몬타니스트와 "교회"란 성별된 삶을 사는 "거듭난 그리스도인들"의 모임임을 믿고 로마카톨릭으로부터 분리한 도나티스트가 있었다.

(5) 특히 이 기간에는 세속 정부와 결합한 로마카톨릭에 의해 A.D. 416년에 유아세례가 법으로 제정됨에 따라, 비성경적인 유아세례를 받은 이들에게 다시 침례를 베풀어서 참된 성경대로 믿는 교회의 회원이 되게 한 "재침례교도"가 등장하게 된다. 이로써 이후 약 1,000년 동안 성경대로 믿는 재침례교도들을 향한 피의 박해가 있었고, 5,000만 명 이상이 죽임을 당하는 실로 무섭고 캄캄하고 피비린내 나는 암흑시대가 도래하게 된다.

2. "사탄의 자리"가 있는 곳

『내가 너의 행위와 네가 거하는 곳을 아노니, 곧 그곳은 사탄의 자리가 있는 곳이라. 네가 나의 이름을 굳게 붙들어서 심지어는 나의 신실한 순교자 안티파가 너희 가운데, 곧 사탄이 거하는 곳에서 죽임을 당하던 그 날들에도 나의 믿음을 부인하지 아니하였도다』(13절).

1) 사탄에게는 자리가 있다(13절).

2) "사탄의 자리"의 이동의 역사

(1) "바빌론"(창 11장)

(2) "퍼가모"(13절)

(3) "로마" 교회로 잠입(A.D. 313년 로마 황제 콘스탄틴의 기독교 공인 때)

➟ A.D. 325년 니케아 종교 회의에서 콘스탄틴이 교회와 세상을 통합했을 때 교회와 국가가 하나가 된 형태인 신비의 바빌론 종교가 된다.

(4) 짐승의 자리("로마"의 교황의 자리, 계 16:10)는 현재 바티칸이다.

(4) 대환란 때는 환란 성전의 지성소(살후 2:4)가 될 것이다.

3) 퍼가모 교회 시대에 세상과 결혼한 로마카톨릭에 의해 신실한 그리스도인들의 순교가 시작된다.

『나의 신실한 순교자 안티파가 너희 가운데, 곧 사탄이 거하는 곳에서 죽임을 당하던 그 날들』(13절).

3. 퍼가모 교회에 주시는 "책망"

1) "발람의 교리"를 지키는 자들이 있다.

『그러나 내가 네게 두어 가지 책망할 것이 있나니 이는 네게 발람의 교리를 지키는 자들이 있음이라. 그가 발락을 가르쳐 이스라엘 자손들 앞에 거치는 것을 놓게 하며, ① 우상에게 바친 제물을 먹게 하고 또 ② 음행하도록 하였느니라』(14절).

➠ 발람의 교리는 민수기 25:1-8에 나오는 교리로 하나님께서 직접 이스라엘을 죽이시게 했던 사건과 관련이 있다.

2) "니콜라파의 교리"를 지키는 자들이 있다.

『그리고 네게 역시 니콜라파의 교리를 지키는 자들도 있도다. 내가 그것을 미워하노라』(15절).

➠ 니콜라파(Nicolaitanes)에서 "니카오"(Nikao)는 "지배한다"는 뜻이고, "라오스"(Laos)는 평범한 보통 사람들을 의미한다. 니콜라파의 교리는 소위 성직자가 평범한 보통의 그리스도인들을 지배하는 비성경적인 교리이다(벧전 5:3).

4. 회개하지 않으면 내 입의 칼로 싸우겠다!

『회개하라. 그리하지 아니하면 내가 네게 속히 와서 내 입의 칼로 그들과 싸우리라. 귀 있는 자는 성령께서 교회

들에게 말씀하시는 것을 들을지어다. 이기는 자에게는 내가 감추어진 만나를 주어서 먹게 하리라. 또 그에게 흰 돌을 주리니, 그 돌에는 새로운 이름이 기록되어서 그것을 받는 자 외에는 아는 사람이 없으리라』(16,17절). 이기는 자에게 "감추어진 만나"와 새로운 이름이 기록된 "흰 돌"이 주어진다.

■ 퍼가모 교회는 왜 회개해야 하는가? ■

지금까지 순교를 당해 온 그리스도인들의 믿음이 콘스탄틴 황제가 공인한 로마 교회로 인해 무너지기 시작했기 때문이다. 콘스탄틴은 로마의 황제로서 그의 밑에 주교들을 거느리고 교회의 머리가 되었다. 콘스탄틴은 주교들에게 돈을 주어 바실리카 회당들을 "교회"로 바꾸게 했고, 주교들에게 금과 은으로 장식한 세마포를 입혔으며, 나무 설교단 뒤에 서 있는 대신 대리석 보좌에 앉게 했다. 당시의 세속적인 그리스도인들은 사자들에게 던져지는 박해가 중단되고 금, 은, 보석으로 치장한 큰 건물에서 예배를 드렸기 때문에 그리스도의 천 년 통치가 시작되어 지상에 "천국이 임했다"고 착각했다.

후천년주의와 무천년주의 환경에서 이교도들과 그리스도인들이 연합했고, 콘스탄틴은 교회와 더불어 그의 제국을 굳건히 했다. 이러한 교회와 국가의 연합으로 인해 그리스도인들은 학교에 다니는 것이 허락되었고 자유와 권리를 부여받았는데, 이 때문에 그리스도인들의 믿음이 너무도 빨리 "녹아 버려서" 아무것도 남은 것이 없는 것처럼 보이게 되었다. 『**회개하라. 그리하지 아니하면 내가 네게 속히 와서 내 입의 칼로 그들과 싸우리라. 귀 있는 자는 성령께서 교회들에게 말씀하시는 것을 들을지어다**』(16,17절).

두아티라 교회(2:18-29) : 중세 암흑시대

1. "눈은 불꽃 같고 발은 빛나는 놋 같은 하나님의 아들"의 편지

『두아티라 교회의 천사에게 편지하라. 그의 눈은 불꽃 같고 그의 발은 빛나는 놋 같은 하나님의 아들이 이 일들을 말씀하시느니라』(18절).

1) 눈은 "불꽃" 같고 발은 "빛나는" 놋 같은 하나님의 아들이신 주 예수 그리스도께서 네 번째로 언급하신 교회는 두아티라 교회이다. "두아티라"는 "고통의 향기"라는 뜻이다.

2) A.D. 500년에서 1000년까지 걸쳐 있는 이 교회 시대는 세상과 "술한 결혼"을 한 퍼가모 교회 시대에 시작된 로마카톨릭으로 인해 고통의 향기가 용광로의 연기처럼 뿜어 올라가는 시대였다.

▲ 교회 국가의 횡포

➡ A.D. 500년 이전까지의 박해들은, 이 기간에 신격화된 "하늘의 여왕" 마리아를 숭배하는 로마카톨릭에 의해 자행된 박해들에 비하면 아무것도 아니었다. 눈이 "불꽃" 같고 발이 "빛나는" 놋 같은 하나님의 아들께서는 "암흑" 시대라 불리는 이 시대에 자신이 사랑하시는 순교자들을 암흑을 비추는 "빛"으로 사용하셨다.

3) 성경대로 믿는 사람들은 로마카톨릭 체제로부터 성별되어 있었다.
   ➡ 이들은 폴리시안, 리요니스트, 불가리안, 마니키안, 프리실리안, 사벨리안, 아리안, 파테린, 부르군디안, 보고마일, 아르메니안, 카타리, 퍼블리칸, 알비겐스, 왈덴스, 보도파 등으로 불렸다.

4) 유아세례를 반대하는 이 시대의 성경대로 믿는 "재침례교도들"은 이단적 분열주의자라는 인상을 심어 주기 위해서 로마카톨릭이 붙인 이름들이었다.
   (1) 그들은 로마카톨릭처럼 유아에게 물을 뿌리지 않았으며, 어른의 경우에 자신이 예수 그리스도의 보혈로 거듭났다는 믿음의 고백이 있을 때만 성경적인 "침례"를 주었다.
   (2) 그들은 동정녀 마리아가 "하나님의 어머니"가 아니라고 가르쳤기에 교황주의자들에 의해 무자비하게 박해를 당했다.

5) 두아티라 기간은 우리를 A.D. 500년에서 곧장 암흑시대의 가장 깊숙한 곳으로 데려가 A.D. 1000년에서 1200년까지 일어난 십자군 원정까지 인도한다.
   (1) 이 기간에 "콘스탄티노플 종교회의"가 있었고, 고트족, 훈족, 골족, 샤를마뉴, 반달족, 클로비스, 피핀 대제, 서고트족이 활동했다. 또한 샤를마뉴(A.D. 742-814)가 권력을 잡고 신성로마제국을 굳건히 했다.
   (2) "교황들"은 유럽을 지배하고 왕들을 통제하기 위해 그들과 싸웠고, "왕들" 역시 교황들로부터 정치적인 권력을 쟁취하기 위해 그들과 싸웠다. 교황들은 왕들을 "교회의 머리"로 앉혔고 정치적인 발언들을 했다. 이 기간에 마리아가 신격화되고 침례에 의한 중생이 절대적인 진리로 가르쳐졌다.

2. 나중 행위가 처음 행위보다 많지만 “두어 가지 책망할 것”이 있다.

1) 이세벨이 가르친 교리는 퍼가모 교회 기간의 발람암의 교리와 같다(14절).

『내가 네 행위와 사랑과 봉사와 믿음과 네 인내와 네 행위를 아노니 나중 행위가 처음 것보다 많도다. 그러나 네게 두어 가지 책망할 것이 있나니 이는 ① 네가 자칭 여선지자 이세벨이란 여자를 용납함으로 그녀가 내 종들을 가르치고 유혹하여 행음하게 하고 ② 우상에게 바친 제물을 먹게 하기 때문이라』(19,20절).

(1) 발라암은 이스라엘을 모압인들의 “바알 숭배”에 가담하게 만들었다(민 25:1-3).

(2) 아합의 아내 이세벨 역시 이스라엘에 바알 숭배를 가져왔다(왕상 16:28-33). [북왕국 이스라엘의 아합 왕이 시돈의 엣바알 왕의 딸 이세벨과 결혼함으로써 바알 숭배가 이스라엘 안에서 시작되었다.]

▲ 피에 취한 창녀

2) 교회사적으로 볼 때 교회 안에 바알 숭배를 가져온 여인은 누구인가?

➡ 두아티라 교회의 “이세벨”이다. 이 이세벨은 교회 내에 발라암의 교리(바알 숭배)를 가져온 여인으로서(20절) 요한계시록의 창녀인 로마카톨릭을 가리킨다. 구약 시대의 이세벨은 신약 시대의 “이세벨,” 곧 로마카톨릭의 예표이며, 로마카톨릭은 바알 숭배의 현대적인 표현에 지나지 않는다.

3. 회개의 기회를 무시한 이세벨

『또 ③ 내가 그녀에게 자기의 음행을 회개할 기회를 주었으나 그녀가 회개하지 아니하였도다. 보라, ① 내가 그녀를 침상에 던질 것이며, 그녀와 더불어 간음하는 자들도 자기들의 행위를 회개하지 아니하면 ① 대환란에 던지리라. 또 내가 그녀의 자녀들을 ② 사망으로 죽이리라. 그러면 모든 교회들은 내가 사람들의 속과 마음을 살피는 자임을 알게 되리라[cf. 렘 17:9,10]. 또 내가 너희의 행위에 따라 너희 각자에게 주겠노라』(21-23절).

1) **『내가 그녀를 침상에 던질 것이며』 = 『대환란에 던지리라.』**

➠ 여기서 침상은 대환란에 대응된다. cf. **『사람이 자기 침상에서 아픔으로도 징계를 받으며 강한 통증으로 많은 뼈가 징계를 받으므로』** (욥 33:19).

2) **『사망』**을 A.D. 500년에서 1000년까지의 교회 시대의 역사적 사실에 적용한다면, **『사망』**은 유럽 전역에 일어났던 "흑사병"에 해당한다.

3) 로마카톨릭은 이전 시대인 퍼가모 교회 기간(A.D. 325-500)에 회개할 기회가 있었으나 회개하지 않았다.

➠ A.D. 500-1500년의 암흑시대는 이 회개하지 않은 "이세벨의 교회"가 대환란에 던져지게 됨을 확증하는 기간이었다. 이 기간에 흑사병이 전 유럽을 강타했다. 하나님께서는 로마카톨릭이 자신의 영향력을 확대해 나가면서 암흑시대 동안 벌인 죄들에 대해 대환란으로 반드시 갚아 주실 것이다. 그녀와 더불어 간음한 자들도 회개하지 않

으면 대환란에 던져지는데, 그렇기에 요한계시록의 창녀에게서 나오라는 경고를 듣는 것이다!(18:4,5)

4. 사탄의 깊은 것들을 알지 못하는 자들에게 베푸시는 자비

『그러나 내가 너희와 두아티라에 나머지 사람들, 즉 이 교리를 받지 아니하고 그들이 말하는 사탄의 깊은 것들을 알지 못하는 많은 자에게 말하노니, 내가 어떠한 다른 짐도 너희에게 지우지 아니하겠노라』(24절).

로마카톨릭이 현대판 바알 숭배라는 점을 모른 채 그 교회에 찾아들어 간 사람들에게 주시는 말씀이다. 로마카톨릭은 "사탄의 깊은 것들"과 관련된 바빌론 종교이다.

5. 두아티라 교회에게 주시는 명령과 약속들

1) "너희가 이미 가진 것을 내가 올 때까지 굳게 잡고 있으라. 이기고 나의 일들을 끝까지 지키는 자에게는 내가 민족들을 다스리는 권세를 줄 것이다"(25,26절).

(1) 『**이미 가진 것**』(25절) = 『**나의 일들**』(26절)

(2) 주님의 일들을 끝까지 붙들고 수행한 종들에게 민족들을 다스리는 권세를 약속하신다. cf. 계 3:11

2) "그가 철장으로 그들을 다스리리니, 그들이 질그릇같이 산산조각으로 부서지리라. 나도 나의 아버지께로부터 받은 것이 그러하니라"(27절).

➡ 예수 그리스도께서 아버지께로부터 받으신 것과 동일한 권세를 갖고 다스리게 하신다.

3) "또 내가 그에게 새벽별을 줄 것이다"(28절).

4) "귀 있는 자는 성령께서 교회들에게 말씀하시는 것을 들을지어다"(29절).

■ 새롭게 깨달았거나 적용할 내용이 있다면 적어 보세요. ■

제4과
복습문제

1. 버가모 교회 시대(A.D. 325-500)는 ( )이 본격적으로 등장하고 암흑시대가 뒤따르는 기간이다.

2. 버가모는 '( ) 결혼'이라는 뜻이다.

3. 버가모에 있던 사탄의 자리는 ( ) 황제가 기독교를 공인한 A.D. 313년에 로마 교회로 잠입해 들어와 현재 로마에 위치해 있다.

4. 버가모 교회에는 ( )의 교리와 ( )의 교리를 지키는 자들이 있었다.

5. 두아티라 교회 기간(A.D. 500-1000)에 교회 안으로 가증한 바알 숭배를 들여온 ( )은 교회사적으로 볼 때 로마카톨릭을 가리킨다.

■ 복습 문제의 정답은 홈페이지(www.solomonbtc.org)에서 확인할 수 있습니다.

NOTES

제5과
사데와 필라델피아 교회
(3:1-13)

『보라, 내가 속히 오리니 네가 가진 것을 굳게 붙들어서 아무도 너의 면류관을 빼앗지 못하게 하라』(계 3:11).

사데 교회(3:1-6) : 중세 암흑시대, 박해받는 교회

1. "하나님의 일곱 영과 일곱 별을 가지신 분"의 편지

『사데 교회의 천사에게 편지하라. 하나님의 일곱 영과 일곱 별을 가지신 분이 이 일들을 말씀하시느니라. 내가 네 행위를 아나니 네가 살아 있다는 이름은 가졌으나 죽었느니라』(1절).

1) <u>하나님의 일곱 영과 일곱 별을 가지신 주 예수 그리스도께서 "다섯" 번째로 언급하신 교회는 사데 교회이다</u>.

➡ 성경에서 숫자 "다섯"은 "죽음"을 나타내며, "사데"는 "붉은 자들"이란 뜻이다. A.D. 1000년에서 1500년의 이 "다섯" 번째 기간에 살았던 성도들이 "붉은 자들"이라 불린 것은 그만큼 이 시대가 "순교"와 "유혈"로 점철되었기 때문이다.

▲ 평화의 사도로 가장한 살인자

2) <u>사데 기간에는 로마카톨릭 신부들과 교황들의 장려 속에서 수많은 성경대로 믿는 사람들이 무참히 살해당했다</u>.

➡ 이 기간에 스페인에서는 그 악명 높은 "종교재판소"가 등장했다. 또한 교황이 비무장 상태의 프로테스탄트들을 죽인 로마카톨릭의 무장한 폭도들에게 훈장을 수여한 "위그노의 대학살"과 "성 바

돌로매 날의 대학살" 사건이 벌어졌다.

▲ 종교재판

3) <u>사데 교회는 살아 있다는 평판은 가졌으나 죽은 교회였다.</u>

➡ "정통"이라는 이름을 가진 로마카톨릭 안에서 살아남은 소수의 사람들로 인해 믿음의 명분은 갖고 있었지만 차갑게 죽어 있었다. "성령이 소멸된" 교회였다. 그래서 "하나님의 일곱 영"과 일곱 별(일곱 "교회"의 천사들)을 가지신(1절) 주님께서는 『**그러므로 네가 어떻게 받았으며 또 어떻게 들었는지 기억하고, 굳게 지키어 회개하라.**』(3절)고 하시면서 원래의 "교회" 모습을 회복할 것을 명령하신다.

4) 사데 기간에는 로마카톨릭에 항거했던 선구적인 종교 개혁자들이 있었다.

(1) 성경을 자국의 일상어로 번역하고, 평신도들이 거리에서 설교해야 할 것을 강조하고, "교황의 무오설"을 믿지 말라고 가르쳐서 로마카톨릭에 의해 가능한 한 모든 수단으로 죽임을 당했던 프랑스 리용의 피터 왈도와 그를 따랐던 "왈도파"(왈덴시안)가 있었다.

(2) 성경적인 개혁자로서 성경의 가르침들로 로마카톨릭의 관습들을 개혁하고, 교황주의자들이 "롤라드"라고 별명을 붙인 수십 명의 설교자를 훈련시키고, 1382년 바른 원문에 근거한 영어 성경 〈위클리프 성경〉을 번역하여 "종교 개혁의 샛별"이라는 이름이 붙은 존 위클리프(영국 궁정의 사제)와 위클리프의 영향을 받아 체코의 전 국민이 따를 정도의 위대한 신앙을 소유했던 프라하의 존 후스(보헤미아의 사제)가 있었다.

(3) 이탈리아 플로렌스에서 설교하며 개혁 운동을 지도하고, 전천년주의를 설교하며 교황의 권위를 포함한 로마카톨릭의 타락을 공격하다가 순교를 당한 지롤라모 사보나롤라(이탈리아 도미니크회 수도사)가 있었다.

(4) 이들 외에도 카타리, 위그노, 알비겐스, 성경 번역자 틴데일, 밀리츠, 콘라드, 존 타울러, 자노의 맛디아, 존 콜렛, 윌리암 루브릭, 페루지아의 앤드류, 빈센트 페레, 조지 칸디나스, 로버트 주니어스, 데이비드 지비아스 등이 있었으며, 이들은 『**사데에 있으면서 자기들의 옷을 더럽히지 아니한 몇 이름들**』(4절)이었다.

2. 자기 옷을 더럽히지 않은 자에게 약속된 "흰 옷"

『사데에 있으면서 자기들의 옷을 더럽히지 아니한 몇 이름들이 네게 있어 그들이 흰 옷을 입고 나와 함께 다니리니, 이는 그들이 합당한 자들이기 때문이라』(4절).

1) 『**사데에 있으면서 자기들의 옷을 더럽히지 아니한 몇 이름들**』은 교회사적으로 보면 파테린, 페트로부루시안, 헨리시안, 아놀디스트, 재침례교도, 왈덴시안, 알비겐스, 롤라드, 폴리시안 등을 의미하며, 그들이 흰옷을 입고 주님과 함께 다니는 것이 합당하다고 주님께서는 말씀하신다(4절). 그들은 당시 전반적인 사회적 풍토가 로마카톨릭이었던 시대에 믿음의 행위가 더럽혀지지 않고 성경적인 믿음을 지켰던 소수였다.

2) "흰옷"은 성도들의 의로운 행실로서(3:18; 16:15) 이 정결한 흰 세마포는 "성도들의 의"라고 불린다(19:8). 그리스도인은 자신의 행위로 짜인 흰

옷을 입고 그리스도의 심판석 앞에 서게 되는데(고후 5:1-10), 그때 벗은 채로 발견될 사람들도 있을 것이다(고후 5:3).

■ 그리스도인의 두 가지 "의" ■

❶ 그리스도인은 이곳 지상에서 주님을 위해 일하는 동안, 자신이 직접 입을 한 벌의 옷을 한 땀 한 땀 바느질하고 있는 셈이다. 그렇기에 어떤 그리스도인들은 다른 이들보다 더 나은 옷을 입을 것이고, 어떤 이들은 더 부족해 보이는 옷을 입을 것이다.

❷ 그리스도인은 구원받았을 때 더러운 걸레 같은 "인간의 의"(사 64:6)를 버리고 "하나님의 의"를 부여받았는데, 이러한 "의" 외에 또 다른 의를 소유할 수도 있다. 말하자면 구원받은 순간 우리는 『**그리스도 예수 안에서 선한 일들을 위하여 창조**』된 것이며, 『**이 일들은 하나님께서 미리 정하시어 우리로 그것들 가운데서 행하게 하려**』(엡 2:10) 하신 것이다. 이에 우리는 『**선한 일들에 유념하여 진력**』하라는 명령을 받게 되는데(딛 3:8), 특히 고린도후서 9:9에서는 『**그가... 가난한 자들에게 주었으니 그의 의가 영원히 남음이라.**』라고 말씀한다. 신약의 은혜 아래 있는 성도들과 관련하여 말씀하고 있는 이 구절은 성도 개인의 의에 대해 강조하고 있다.

그러므로 우리는 그리스도인으로서 그리스도의 의를 기본적으로 소유하고 있을 뿐만 아니라, 자신이 구원받은 이후 자기 몸으로 선을 행함으로써 얻은 성도 자신의 의를 소유할 수 있다. 하늘나라에 가면 그것이 우리의 영적인 몸을 입히는 옷이 될 것이다. 누구의 옷이 얼마나 좋은지는, 우리가 이곳 지상에서 예수 그리스도와 그분의 성도들을 향한 사랑의 마음에서 행한 일들에 달려 있다.

3. "이기는 자"가 입게 될 흰 옷

『이기는 자는 흰 옷을 입을 것이요, 내가 그의 이름을 생명의 책에서 지워 버리지 아니할 것이며, 또 그의 이름을 나의 아버지 앞과 그의 천사들 앞에서 시인할 것이니라. 귀 있는 자는 성령께서 교회들에게 말씀하시는 것을 들을지어다』(5,6절).

➠ "이기는 자"(행위 구원)와 관련된 위의 말씀은 교리적으로 대환란 시대에 적용된다. 따라서 교회 시대에 교리적으로 적용할 수 없지만, 우리 그리스도인들은 "이미 이겼다"는 점에서(요일 4:4; 5:4) 그의 이름이 생명책에서 지워지지 않고 구원이 영원히 보장되어 있다는 점을 확신하는 데 도움을 얻을 수 있다.

필라델피아 교회(3:7-13) : 종교 개혁 및 부흥

1. "다윗의 열쇠를 가지신 분"의 편지

『필라델피아 교회의 천사에게 편지하라. 거룩하신 분, 진실하신 분, 다윗의 열쇠를 가지신 분, 열면 아무도 닫을 수 없고 또 닫으면 아무도 열 수 없는 분께서 이 일들을 말씀하시느니라』(7절).

1) 거룩하시고, 진실하시고, 다윗의 "열쇠"를 가지신 주 예수 그리스도께서 여섯 번째로 언급하신 교회는 필라델피아 교회이다.

2) "필라델피아"는 "형제의 사랑"이라는 뜻이며, A.D. 1500년에서 1900년까지의 교회 기간을 대표하는 이름이다. 이 시기는 신약 교회사에서 가장 위대한 기간인데, 일곱 교회 중 유일하게 회개하라는 말을 듣지 않은 "거룩하고 진실한" 교회이다.

3) 적은 능력으로도 주님의 말씀을 지켰고 주님의 이름을 부인하지 않았기에, "열면 아무도 닫을 수 없고 또 닫으면 아무도 열 수 없는 분께서" 아무도 닫을 수 없는 "열린 문"을 그 교회 앞에 두셨다(8절). "필라델피아의 대부흥의 시대"라 불리는 이 시대는 그 교회의 "열린 문"으로 많은 사람이 들어가 구원을 받았다.

4) 주님께서는 이 교회에 대해 그들이 주님의 말씀을 지켰다고 칭찬하시는데(8절), 실제로 하나님의 바른 말씀인 영어 〈킹제임스성경〉(1611)을 펴냈다! 그러나 19세기 말에 접어들면서 교회들은 〈킹제임스성경〉을 대체한 RV(1884), ASV(1901)를 사용하기 시작하면서부터 "닫힌 문"(20절)의 교회 시대로 들어가게 된다.

5) 〈킹제임스성경〉만을 "하나님의 말씀"으로 믿은 이 기간은 프로테스탄트의 성경적 기독교 신앙이 절정에 달한다. 모든 위대한 구령자들, 모든 위대한 복음 전도자들, 모든 위대한 선교사들, 거의 모든 찬송 작사자 및 작곡가들로 빛났던 "열린 문"의 시대였다!

▲ 종교 개혁의 시작

(1) 1517년 10월 31일, 독일의 비텐베르크 성당 문에 95개조 반박

문을 못 박음으로써 종교 개혁을 일으킨 마틴 루터, 독일어를 사용하는 스위스 지역에서 종교 개혁의 일부를 담당했던 울리히 쯔빙글리, 스코틀랜드인들의 믿음에 불을 붙였던 존 낙스, 세계가 나의 교구라고 외쳤던 요한 웨슬리, 이 요한 웨슬리를 예수 그리스도께로 인도한 피터 뵐러, 영국과 미국을 오가며 "영적 대각성"을 이끌었던 조지 휫필드, 그에 필적하는 조나단 에드워즈, 술주정뱅이 법률가에서 순회 설교자로 변화되어 수천 명을 예수 그리스도께로 인도한 샘 존스가 있었다.

(2) 영국 브리스톨에 고아원을 세워 4백만 달러 이상의 기도 응답을 받은 조지 뮬러, 하나님의 종이 된 "해적" 할데인 형제들, 위대한 찬송 작사자 화니 크로스비, 위대한 여선교사 하버걸, 성결에 관한 책들을 쓴 앤드류 머레이, 순회 설교자 백스터 맥클렌돈, 구원받은 야구선수로 백만 명 이상의 혼들을 그리스도께로 인도한 빌리 선데이와 그의 사역에 버금가는 윌버 채프만이 있었다.

(3) 〈스코필드주석성경〉을 편집한 C.I. 스코필드, 오늘날과 다르게 "복음을 전파했던 구세군"을 창설한 윌리엄 부스 장군, 영국 일류 법정 변호사로 성경의 진리를 설파한 로버트 앤더슨 경, 교회의 부흥을 위해서 태어난 사람 찰스 피니, "설교의 제왕" 찰스 스펄전, 구두 수선공에서 위대한 부흥사가 되어 수백만 명의 죄인을 그리스도께로 인도한 D.L. 무디가 있었다. 이외에도 H.C. 모리슨, 메노 시몬즈, 허브마이어, 탈마지, 피터 카트라잇, 제임스 맥그리디, 로렌조 다우, 쉘던 잭슨, 빌리 브레이, 찰스 구트리, 조셉 파커, 심슨, 고포드, 테일러 같은 강력한 설교자들이 있었다.

(4) 또한 중국, 일본, 인도 등지에서의 모든 위대한 선교사들의 사역이 1800-1900년 사이에 일어났는데, 아메리카 인디언들에게 선교했던

로저 윌리엄스와 데이비드 브레이너드, 인도로 간 윌리엄 캐리, 버마(미얀마)로 간 아도니람 저드슨, 중국 내지 선교사 허드슨 테일러 등이 이 기간의 대표적인 선교사들이었다.

➠ **이들은 모두 오늘날의 배교한 교회들과 달리 변개되지 않고 올바르게 보존된 〈킹제임스성경〉을 믿고 전파한 신실한 그리스도인들이었기에 주님께 쓰임받을 수 있었다.**

2. 적은 능력으로도 주님의 말씀을 지킨 "열린 문" 교회

> 『내가 너의 행위들을 아노라. 보라, 내가 네 앞에 열린 문을 두었으니 아무도 그것을 닫을 수 없노라. 이는 네가 적은 능력을 가지고서도 나의 말을 지켰고 내 이름을 부인하지 아니하였기 때문이라』(8절).

1) **필라델피아 교회는 열린 문을 가진 교회이다.**

➠ 다음 기간인 라오디케아 교회는 닫힌 문(20절)을 가진 교회이다.

2) **필라델피아 교회는 하나님의 말씀을 지키는 교회였다.**

▲ 열린 문으로 복음이 전파되다

➠ 이것은 그 교회가 하나님의 말씀대로 했을 뿐만 아니라 영어 〈킹제임스성경〉을 펴내고 그 말씀을 수호했음을 의미한다. 『**나의 말을 지켰고**』(8절)라는 말씀은 일곱 교회 중에서 오직 필라델피아 교회를 향

▲ 책 중의 책, 책의 왕

해서만 언급되고 있다. 영어로 된 〈킹제임스성경〉을 펴낸 필라델피아 교회는 하나님의 말씀을 지켰다는 평가를 받는 유일한 교회인 것이다.

3) **필라델피아 교회는 "열린 문," "열린 성경"의 시대이며, 전통원문(표준원문)을 번역한 〈루터성경〉과 〈킹제임스성경〉을 위시하여 약 800개의 언어로 수많은 자국어 성경들이 번역되어 400년 동안 세상에 전파되었다**. 바른 성경을 수호하고 왕성한 선교 활동을 통해 전 세계로 십자가의 복음을 전파한 "열린 문" 교회였던 것이다.

성경 변개의 문제는 사도 바울이 사역하던 때도 심각한 문제로 대두되었었다. 『**우리는 하나님의 말씀을 변개시킴으로써** *이익을 취하는* **여러 사람들과 같지 않고 오직 성실함으로써 또 하나님께로부터 난 자로서 하나님 앞에서와 그리스도 안에서 말하노라**』(고후 2:17). 사도 바울이 이 말씀을 기록했을 때 신약성경은 절반도 쓰이지 않았기에, 여기서 언급되는 것은 "구약성경"의 변개이다. 최초의 성경 변개는 구약 정경에 "외경"을 갖다 붙인 것이었고, 그 일은 이집트 알렉산드리아에서 일어났다. 성경에 대한 최초의 "원문비평가"였던 이집트 알렉산드리아의 오리겐이 직접 변개시킨 것들은 물론, 그 전에 이집트에서 변개된 것들을 헬라어 신약 필사본에 섞어 넣는 행위를 당시에 알게 되었던 것이다. 사도 바울은 그 짓을 하는 자들이 "몇 안 되는 소수"가 아니라 『**여러 사람들**』이라고 말한다.

3. 사탄의 회당인 자칭 유대인의 재등장

『보라, 자칭 유대인이라고 하지만 아니요, 오히려 거짓말하는 자들을 내가 사탄의 회당에 속한 자들로 만들리니, 보라, 내가 그들을 오게 하여 너의 발 앞에 경배하게 하여서, 내가 너를 사랑하는 것을 알게 하리라』(9절).

1) 위 구절은 두 번째 교회 기간인 스머나 교회에서 언급된 "자칭 유대인"이 교회사를 관통해서 필라델피아 교회 시대까지도 계속 그 명맥을 유지해 왔음을 보여 준다.

2) 스머나 교회 기간에 존재했던 자칭 유대인들은(2:9) 요한계시록 3:9에서도 동일하게 『**사탄의 회당**』이라고 불린다. 누구든지 유대인을 사칭하는 자들은 사탄의 회당이다.

3) 자칭 유대인들은 하나님께서 실제 유대인들과 단절하셨고 이스라엘에게 주어진 구약의 약속들이 교회에게 넘겨졌으며, 교회가 이스라엘을 대신한다는 후천년주의 교리를 가르친다. 이렇게 가르친 자들이 종교 개혁 기간인 필라델피아 교회 시대에 갑자기 다시 등장한 것이다.

4) 사탄의 회당이라 불리는 자칭 유대인들의 방해에도 불구하고, 주님께서 십자가의 피 흘리신 공로로 사신 진주로서 온전하다고 평가되는 교회가 바로 필라델피아 교회이다. 적은 능력이었으면서도 말씀을 지켰고 주님의 이름을 부인하지 아니한 필라델피아 교회 기간은 가장 교회다운 교회를 보여 준다.

4. 인내의 말씀을 지켰다면 면류관을 빼앗기지 말라!

『네가 나의 인내의 말을 지켰기 때문에 나도 시험의 때에 너를 지키리니, 이는 온 세상에 임하여 땅 위에 사는 사람들을 시험하는 때라. 보라, 내가 속히 오리니 네가 가진 것을 굳게 붙들어서 아무도 너의 면류관을 빼앗지 못하게 하라』(10,11절).

1) 『**시험의 때**』, 곧 『**온 세상에 임하여 땅 위에 사는 사람들을 시험하는 때**』는 대환란을 가리킨다.

2) 위 구절은 "교리적으로" 하나님의 말씀을 지키는 환란 성도들에게 주시는 약속이다.

3) 정신을 차리지 않으면 면류관과 보상을 잃어버릴 수 있다.

요한이서 1:8,9은 구원받은 그리스도인들이 그동안 이뤄 놓은 상을 잃어버릴 수 있으며, 또한 그것이 구체적으로 어떻게 발생하는가를 보여 준다. 『**너희 자신을 돌아보라. 이는 우리가 이루어 놓은 것들을 잃지 아니하고 온전한 상을 받으려는 것이라. 범죄하고 그리스도의 교리 안에 거하지 아니하는 자마다 하나님이 없으나, 그리스도의 교리 안에 거하는 그 사람은 아버지와 아들이 있는 자니라**』(요이 1:8,9). 말하자면 그리스도인들이 그리스도를 거부하는 이교도들과 무신론자들, 힌두교도들, 불교도들, 모슬렘들, 진화론자들과 인본주의자들과 교제하거나, 예수 그리스도의 신성을 부인하는 변개된 성서들을 사용하는 가짜 "그리스도인들"과 교류하고 손잡으면 상을 잃어버릴 수 있는 것이다.

5. 이기는 자에게 주시는 약속들

『이기는 자는 내가 내 하나님의 성전에 기둥으로 삼으리니, 그가 결코 다시 나가지 아니하리라. 또 내가 그 사람 위에 내 하나님의 이름과 내 하나님의 도성, 즉 내 하나님으로부터 하늘에서 내려오는 새 예루살렘의 이름을 기록하고, 또 나의 새 이름도 그 사람 위에 기록하리라. 귀 있는 자는 성령께서 교회들에게 말씀하시는 것을 들을지어다』(12,13절).

1) "이기는 자"라는 조건하에서 주시는 약속들이므로, 교리적으로 대환란 시대에 적용된다(3:4-6에 관한 설명 참고).

2) 하나님의 말씀을 지킨 필라델피아 교회에게는 인간의 말로 설명할 수 없는 약속들이 주어진다.

필라델피아 교회 기간은 1500-1900년 사이의 기간에 나타난 교회를 대표하는데, 이때는 프로테스탄트의 성경적 기독교 신앙이 절정에 달했다.

필라델피아 교회 기간은 교회사에서 단연 가장 흥미로운 시대인데, 이는 이 기간이 모든 위대한 구령자들과 모든 위대한 복음 전파자들, 모든 위대한 선교사들로 빛났던 시대이기 때문이다. 필라델피아 교회 기간은 하나님께서 여전히 부흥의 하나님이심을 입증하기 원할 때 항상 언급되는 기간이다. 바로 이 교회가 〈킹제임스성경〉을 하나님의 말씀으로 믿었다는 것에 가장 큰 의미가 있으니, 이 점은 개인의 영적 부흥이든, 교회의 영적 부흥이든 그곳에는 반드시 하나님의 바른 말씀이 있어야 함을 보여 준다.

제5과
복습문제

1. "사데"라는 이름의 뜻은 (   )로서 이 시대는 순교와 유혈로 점철된 시대다.

2. "흰옷"은 성도들의 의로운 행실로서(계 3:18; 16:15), 이 정결한 흰 세마포는 "(   )의 (   )"라고 불린다(계 19:8).

3. 구원받은 그리스도인들은 "이미 이겼다"는 점에서(요일 4:4; 5:4) 그의 이름이 (   )에서 지워지지 않고 구원이 영원히 보장되어 있다.

4. 주님의 말씀을 지켰다고 칭찬받는 유일한 교회는 (   ) 교회이다.

5. 주님께서는 자칭 유대인을 (   )이라고 부르신다(계 2:9; 3:9).

■ 복습 문제의 정답은 홈페이지(www.solomonbtc.org)에서 확인할 수 있습니다.

NOTES

NOTES

제6과
라오디게아 교회와 환란 전 휴거
(3:14-4:11)

『내가 사랑하는 자마다 책망하고 징계하노니 그러므로 열심을 내고 회개하라』(계 3:19).

라오디케아 교회(3:14-21) : 배교한 마지막 교회

1. "아멘이시요 신실하고 진실한 증인이신 분"의 편지

『라오디케아인들의 교회의 천사에게 편지하라. 아멘이시요 신실하고 진실한 증인이시며, 하나님의 창조를 시작하신 분이 이 일들을 말씀하시느니라』(14절).

1) "아멘"이시요 "신실하고 진실한 증인"이시며, "하나님의 창조를 시작하신" 주 예수 그리스도께서 마지막으로 언급하신 교회는 라오디케아 교회이다.

(1) "라오디케아"는 "시민의 권리"를 뜻한다. 이 시대는 하나님의 권리에 대적하는 인간들의 권리로 특징지어진다.

(2) A.D. 1900년경에서 교회의 휴거 때까지 지속되는 이 시대는 하나님이신 주 예수 그리스도의 "권리"가 온데간데없는 마지막 교회 시대이다. 정통을 주장하지만 배교해 버렸고 로마카톨릭 편에 서 있다. 이 시대에 주님께서는 지역 교회 안으로 들어가시지 못하고 문밖에 서 계신다(20절).

2) 1901년에 변개된 ASV(American Standard Version)가 출간된 이후 줄줄이 출간된 NASV, NIV 등의 각종 변개된 성경들이 신학교들과 교회들을 휩쓸어 엄청난 영적 파멸과 대배교가 일어나고 있을 때도, 하나님의 바른 말씀인 〈킹제임스성경〉을 유일한 하나님의 말씀으로 믿고 따르며 "생명의 말씀"을 설교했던 위대한 그리스도인들이 있다.

3) 전천년 세대주의의 교과서인 〈세대적 진리〉를 쓴 클라렌스 라킨, 〈스코필드 주석성경〉의 C.I. 스코필드, 모르드캐 햄과 보샹 빅과 해롤드 헤니거와 존 롤링스의 사역에 막대한 영향을 끼치고 막강한 영향력으로 한때나마 미국 남침례교의 배교를 막았던 프랭크 노리스, 밥 존스 대학을 설립한 복음 전도자 밥 존스 시니어, 구원받은 러시아 유대인으로 훌륭한 복음주의자인 하이만 애플만, 캐나다 토론토의 위대한 선교 지도자 오스왈드 스미스, 〈피흘린 발자취〉의 저자 J.M. 캐롤, 이외에도 펄시 크로포드, 잭 월첸, 해롤드 스미스, 밥 그레이, 펨버, 조 헨리 행킨스, 샘 모리스, 바스콤 레이 라킨, 헤롤드 사이틀러, 탐 말론, 올리버 그린, 잭 하일스와 같은 위대한 믿음의 수호자들이 있다. 이들은 위대한 구령자들이었고 〈킹제임스성경〉으로 설교했으며 이들의 설교로 수천 명의 사람이 구원받았다.

4) 무엇보다도 이 대배교 시대의 말미를 진리로 장식하고 있는 사람들은 소수의 "성경대로 믿는 사람들"(Bible Believers)이다.
➡ 이들은 "아멘이시요 신실하고 진실한 증인이신 분"의 말씀에 "아멘!" 하는 마지막 때의 "신실하고 진실한 증인들"이다!

5) 미국 플로리다주 펜사콜라에 있는 성경침례교회(Bible Baptist Church)의 담임목사였고, 펜사콜라성경신학원(Pensacola Bible Institute)의 설립자이자 학장으로, 존 칼빈 이래로 500여 명 이상의 유명하다는 성경 주석가들이 그들의 주석서에 범해 놓은 주요 오류들을 일일이 지적하여 바로잡은 피터 럭크만(Peter S. Ruckman) 박사가 있다.
➡ 럭크만 박사는 〈킹제임스성경〉에 근거한 주석서들과 〈신약교회사〉 등 150권이 넘는 진리의 서적들을 집필했다. 또한 〈킹제임스성경〉이 왜 하나님의 말씀인가를 권위 있게 설명하고 증명할 수 있는 독

보적인 학자로서 생전에 전 세계에 있는 성경대로 믿는 사람들의 존경을 한 몸에 받았으며, 주님께로 가 있는 현재에도 변함이 없다.

6) 은사주의와 칼빈주의 5대 강령을 비롯한 각색 이단 교리들이 교회들을 잠식하고 저주받을 사회복음으로 처음부터 영적 황무지였던 한국에서는 〈한글킹제임스성경〉(1994)을 번역한 이송오 목사가 바른 말씀을 토대로 한국 최초의 신약 교회의 모델인 "성경침례교회"(1992)를 설립하여 이 땅에 참된 신약 교회사를 써 가고 있다.

➠ 이 땅의 성경대로 믿는 사람들은 교회들 전체가 배교한 상황에서 광야의 침례인 요한처럼 예수 그리스도를 증거하고 있는 교회 시대의 남은 자들이다.

2. 차지도 않고 덥지도 않은 미지근한 교회

『내가 네 행위를 아노니 네가 차지도 아니하고 덥지도 아니하도다. 나는 네가 차든지 덥든지 하기를 원하노라. 네가 그처럼 미지근하여 차지도 아니하고 덥지도 아니하기 때문에 내가 너를 내 입에서 토해 내겠노라』(15,16절).

1) 라오디케아 교회는 입으로는 정통 신앙을 고백하지만 로마카톨릭 편에 서 있다. "더운" 편과 "차가운" 편에 동시에 서 있으므로, 그 교회는 사실상 "덥지도 않고 차갑지도 않은" 미지근한 교회이다.

2) 『**나는 네가 차든지 덥든지 하기를 원하노라.**』

➠ 하나님은 극단주의자이시다. 중간에서 상황을 봐 가며 간에 붙었다,

쓸개에 붙었다 하는 기회주의자들을 싫어하신다. 더우려면 덥고 차가우려면 아예 차가워지라는 것이다. 중간에서 어정쩡하게 처신하는 교회를 주님께서는 역겨워하셔서 토해 내신다. 주님께서는 라오디케아 교회에 대해 질리셨다.

3. 스스로 부자라고 하나 가난하고 헐벗은 교회

『네가 말하기를 "나는 부자며, 부요하고, 아무것도 부족한 것이 없다."고 하지만 너는 비참하고, 가련하며, 가난하고, 눈멀고, 헐벗은 것을 알지 못하는도다』(17절).

1) 마지막 교회는 엄청난 부를 자랑한다.

➡ 매주 들어오는 헌금 액수를 자랑한다. 보유한 차량, 자산, 부동산을 자랑하며, 책정된 선교 헌금을 자랑한다. 이 교회는 하나님의 눈에 가련하며 가난하고 눈멀고 헐벗은 교회이다.

2) 라오디케아 교회에 필요한 "금"과 "흰옷"과 "안약"

『내가 너에게 권고하노니 내게서 불로 단련된 금을 사서 부요하게 되고, 흰 옷을 사서 입음으로 너의 벌거벗은 수치를 드러내지 않게 하며, 또 안약을 네 눈에 발라 보게 하라』(18절).

(1) **『내게서 불로 단련된 금을 사서 부요하게 되고』**

➡ 금은 "믿음"이다(벧전 1:7). 이 마지막 교회는 "믿음"에 있어서

▲ 영적 굶주림

▲ 배교한 기독교 문화

▲가련하고 헐벗은 라오디게아 교회

"가난한" 교회이다.

(2) **『흰 옷을 사서 입음으로 너의 벌거벗은 수치를 드러내지 않게 하며』**

➠ 흰옷은 "성도들의 의"이다(계 19:8). 따라서 이 옷이 없으면 주님 앞에서 벌거벗은 채로 발견될 수 있다(계 16:15, 고후 5:3). 이 교회는 각종 종교 행위는 많아도 그것이 실질적으로 하나님께 기억되는 "성경적 선행"은 아니다. 그러므로 그들은 현재 주님 앞에서 "벌거벗은" 상태이다.

(3) **『또 안약을 네 눈에 발라 보게 하라.』**

➠ 안약은 "세상의 빛이신 분의 입에서 나온"(요 9:5,6) "말씀"이다(시 19:8). 이 교회는 변개된 성경으로 눈멀어 있기에 바른 성경의 빛으로 눈을 밝게 할 필요가 있다. 또한 성경적인 믿음과 덕, 지식, 절제, 인내, 경건, 형제 우애, 사랑이 없기에 눈멀고 멀리 볼 수 없다(벧후 1:9). 실로 모든 것이 비성경적인 영적 소경들인 것이다.

■ 새롭게 깨달았거나 적용할 내용이 있다면 적어 보세요. ■

4. 주님께서 들어가실 수 없는, 책망과 징계로 얼룩진 교회

『내가 사랑하는 자마다 책망하고 징계하노니 그러므로 열심을 내고 회개하라. 보라, 내가 문 앞에 서서 두드리노라. 누구든지 내 음성을 듣고 그 문을 열면 내가 그에게로 들어가서 그와 함께 먹으며 그도 나와 함께 먹으리라』(19,20절).

1) 라오디케아 교회는 칭찬은 없고 오직 책망과 징계 그리고 회개에 대한 명령만 주어지고 있다.

2) 교회 시대의 끝인 라오디케아 교회 시대에는 예수 그리스도께서 지역 교회 문밖에 계신다.

➠ 지역 교회가 문자적인 건물로 언급되는 곳은 성경에서 이곳뿐이다. 이 교회는 주님을 밖에 세워 두고 문을 닫아 버렸다. 이 교회에 있는 어떤 사람이라도 그분의 음성을 듣고 문을 열면 그리스도께서 그 사람에게 들어가 그와 더불어 교제하시겠다고 약속하신다.

■ 라오디케아 교회와 "골로새서" ■

신약성경에서 라오디케아 교회를 다루는 책으로는 요한계시록 외에 "골로새서"가 있다. "라오디케아"는 골로새서 2:1; 4:13,15,16에서 총 5회 언급된다. "골로새"는 그 뜻이 "형벌"이며, 그 책에는 라오디케아 교회에 남겨진 것이 왜 형벌인지 그 이유들이 제시되어 있다. 골로새서에 등장하는 인물들과 특정한 표현들을 통해 그 이유들이 제시되는 것이다.

❶ 골로새서 4:14의 "누가"

➠ 라오디케아 교회가 병들었으며 치료가 필요한 교회임을 보여 준다.

❷ 골로새서 4:14의 "데마"

➠ 라오디케아 교회가 현 세상을 사랑한 배교자들의 교회임을 보여 준다(딤후 4:10).

❸ 골로새서 2:8의 "철학과 헛된 속임수"

➠ 라오디케아 교회가 교육과 철학을 자랑하며, 철학과 인간의 헛된 전통으로 성경을 판단하는 교회임을 보여 준다.

❹ 골로새서 2:8,20의 "세상의 유치한 원리"

➠ 라오디케아 교회가 사탄이 체계를 잡아 놓은 세상의 유치한 원리들에 의해 살아가는 교회임을 보여 준다.

❺ 골로새서 2:18의 "천사들 숭배"

➠ 라오디케아 교회가 성사와 천사에 대한 생각이 로마카톨릭과 거의 동일한 수준임을 보여 준다.

❻ 골로새서 3:1-3의 "땅에 있는 것들에 마음을 둠"

➠ 라오디케아 교회가 하늘나라를 바라보지 않는 세속적인 교회임을 보여 준다.

❼ 골로새서 3:16의 "시와 찬송과 영적인 노래"

➠ 라오디케아 교회가 아프리카 음악과 관련하여 문제가 있음을 보여 준다.

❽ 골로새서 4:17의 "직분 수행에 관해 경고를 받은 아킵포"

➠ 라오디케아 교회에 성경대로 믿고 실행하는 참된 사역자가 없음을 보여 준다.

종합해 보면, 라오디케아 교회는 교회사의 모든 부정적인 요소들이 지난 21세기 동안 축적되어 온 교회다. 이러한 교회들에 남겨진 것은 오직 "형벌"(골로새)뿐이며, 결국 그들은 휴거되지 못하고 대환란에 들어가게 된다.

일곱 교회를 향한 메시지의 결론

『이기는 자에게는 내가 내 보좌에 나와 함께 앉을 자격을 주리니, 이는 내가 이겨서 나의 아버지와 함께 그의 보좌에 앉은 것과 같으리라. 귀 있는 자는 성령께서 교회들에게 말씀하시는 것을 들을지어다』(21,22절).

요한계시록 4장

1. 환란 전 "교회의 휴거"를 예표하는 사도 요한의 휴거(1,2절)

1) 예수 그리스도의 품에 기대어(요 13:23,25) 주님의 특별한 사랑을 받았던 『**예수께서 사랑하시던 제자**』(요 21:20) 요한은 "<u>교회의 예표</u>"이다.

➠ 주님께서 요한이 기대어 있던 그 가슴(다섯 번째 갈비뼈)을 십자가에 찔리심으로써 교회가 탄생하게 되었다. 이 점은 아담(예수 그리스도의 예표)의 갈비뼈를 취해 이브(교회의 예표)를 만드신 것과 같다.

▲ 하늘에 열린 문

2) 하늘에 문이 열리면서 『**이리 올라오라.**』(1절)라고 하는 말씀은 "<u>교회가 휴거되</u>

▲ 휴거

▲ 휴거 - 죽은 자들의 부활

는 것"을 보여 준다(4:1; 11:12, 고전 15:49-52, 살전 4:16-18).

➠ 교회의 예표인 사도 요한이 휴거된 뒤로는 요한계시록 4-19장(대환란)에서 "교회"가 등장하지 않는다. 이 점은 교회가 대환란 전에 휴거되어 환란을 통과하지 않음을 보여 준다.

3) 사도 요한이 『**영 안에**』(2절) 있게 되어 보좌가 있는 하늘에 있게 된 것은, 사도 요한의 몸이 영적인 체질로 변화되어 휴거되었음을 보여 준다. 요한은 우주에 실재하는 문자 그대로의 장소, 곧 셋째 하늘로의 휴거를 미리 맛보았던 것이다.

➠ 사도 요한이 간 곳은 우주의 정북 방향, "북쪽"에 있는 셋째 하늘이며, 그곳에 있는 하나님의 보좌가 있다. 『**이는 높이는 일이 동쪽에서나 서쪽에서나 남쪽에서 오는 것이 아니기 때문이라. 오직 하나님께서 재판장이시니 그가 한 사람은 낮추시고 다른 사람은 세우시는도다**』(시 75:6,7). 여기서 "북쪽"이 생략되고 그 대신 "하나님"이 언급되고 있음을 주목해야 한다. 주 하나님께서는 『**북편에 있는 회중의 산**』(사 14:13), 곧 『**북편에 있는 위대한 왕의 도성 시온 산**』(시 48:2)에 거하신다. 하나님께서는 그곳 "영원"에 높이 우뚝 솟아 계신 것이다. 『**영원에 거하시는 높고 우뚝 솟은 분, 그의 이름이 거룩이신 분이 이같이 말하노라**』(사 57:15).

2. 요한이 본 셋째 하늘(3-11절)

▲ 영광의 보좌

1) 하늘의 보좌와 보좌에 앉으신 분의 용모(3,4절)

➠ 벽옥과 홍보석 같으신 분을 에메랄드 같은 무지개가 두르고 있다.

▲ 스물 네 장로들

2) 보좌 주위의 스물네 좌석과 그 위에 앉은 스물네 장로(4절)

(1) 스물네 장로의 신분은 정확하게 확인하기가 어렵다.

(2) 스물넷은 유대인의 숫자 "12"의 배수이다.

(3) 스물넷은 그리스도 안에 있는 "유대인"과 "이방인"을(고전 12:13) 의미할 수 있다.

(4) 그리스도의 몸을 시작한 유대인 열두 사도와 그 후에 구원받은 어떤 이방인들을 나타낸다고도 볼 수 있다.

3) 보좌에서의 현상들(5절)

(1) 번개들, 천둥들, 음성들이 있다.

(2) 보좌 앞의 일곱 등불은 하나님의 일곱 영이다. 『**주의 영이 그의 위에 머물리니 지혜와 명철의 영이요, 계획과 능력의 영이며, 지식과 주를 두려워하는 영이라**』(사 11:2).

4) 보좌 앞의 수정과 같은 유리 바다(6절 a)

(1) 돌처럼 얼어 있는 깊음의 표면이다(욥 38:30).

(2) 불로 뒤섞인 유리 바다(15:2)는 예수 그리스도의 피로 붉게 물든 셋째 하늘의 "홍해"이다(히 9:11,12,22-24).

5) 보좌 주위의 앞뒤로 눈이 가득한 네 짐승(6b절)

▲ 네 그룹과 일곱 등불

첫째 짐승 - 사자	둘째 짐승 - 송아지
셋째 짐승 - 사람	넷째 짐승 - 독수리

■ 겔 1:10 - 사람, 사자, "황소," 독수리
■ 겔 10:14 - 사람, 사자, "그룹," 독수리

(1) 네 짐승은 네 그룹인데, 원래는 다섯 그룹이었다. 나머지 한 그룹은 **『기름부음을 받은 덮는 그룹』**(겔 28:14)으로서 하나님의 보좌를 덮고 있었는데, 감히 하나님의 보좌를 넘봄으로써(사 14:13) 타락했다. 이 덮는 "그룹"의 기본적인 모습은 "황소"이다(겔 1:10; 10:14).

(2) 다섯 번째 그룹이었던 루시퍼는 본래 황소의 모습이었다가 타락하여(겔 28:14, 사 14:12-14) 하나님의 산에서 쫓겨났으며(겔 28:16), 현재는 뱀(사 27:1)처럼 생긴 일곱 머리 달린 붉은 용(12:3)의 모습을 하고 있다. 이로 인해 전 세계에 "황소," 곧 "바알" 숭배가 퍼져 있는 것이다.

(3) 덮는 그룹은 "기름부음을 받았기" 때문에 그 역시 "그리스도"로 불린다. 그는 훗날 대환란 때 적그리스도로 그 모습을 나타낼 것이다. "빛의 천사"로 가장하여(고후 11:14 - **『사탄도 자신을 빛의 천사로 가장하기 때문이라.』**) 서른세 살 반의 날개 없는 "그리스도"로 나타

날 것인데, 하나님의 보좌를 탐내었던 옛 욕망을 환란 성전의 지성소에 앉아 하나님으로 자처함으로써 이루려 할 것이다(살후 2:4). 그러나 주님의 찬란한 오심으로 제거되고 만다(살후 2:8).

(4) 『**네 짐승들은 각각 자기 주위에 여섯 개의 날개를 가졌고 안쪽에는 눈들로 가득하더라. 또 그들은 밤낮 쉬지 않고 말하기를 "거룩하시도다**[아버지], **거룩하시도다**[아들], **거룩하시도다**[성령], **전에도 계셨고, 지금도 계시며, 앞으로 오실 전능하신**[성령, cf. 슥 4:6] **주**[아버지] **하나님**[아들, cf. 요일 5:20]**이여!" 하더라**』(8절).

■ 8절은 11절과 함께 아버지, 아들, 성령, 곧 삼위일체 하나님께 드리는 영원한 찬양과 송축이다.

6) 보좌에 앉으신 분께 경배하는 스물네 장로(9,10절)

➠ 『**"오 주여, 주께서는 영광과 존귀와 권세를 받으시기에 합당하시니, 이는 주께서 만물을 창조하셨고, 만물이 주의 뜻대로 있으며, 또 창조되었기 때문이니이다."라고 하더라**』(11절).

■ 새롭게 깨달았거나 적용할 내용이 있다면 적어 보세요. ■

제6과
복습문제

1. 배교한 마지막 교회 시대는 ( ) 교회 시대이며, 그 이름의 뜻은 ( )이다.

2. 요한계시록의 일곱 교회 중 마지막 교회는 엄청난 ( )를 자랑한다. 그러나 이 교회는 하나님의 눈에 가련하며 가난하고 눈멀고 헐벗은 교회이다.

3. 요한계시록에서 교회가 환란 전에 휴거될 것을 보여 주는 인물이 등장하는데, 그의 이름은 사도 ( )이다.

4. 셋째 하늘의 유리 바다를 붉게 만든 것은 예수 그리스도의 ( )이다.

5. 한때 보좌를 덮고 있던 그룹은 기름부음을 받았기 때문에 대환란 때 등장하면 ( )라고 불린다.

■ 복습 문제의 정답은 홈페이지(www.solomonbtc.org)에서 확인할 수 있습니다.

NOTES

NOTES

NOTES

< 추 천 도 서 >

그림으로 보는 요한계시록

피터 S. 럭크만 지음 / 215×278 양장
400쪽 / 32,000원

이 책은 저자가 요한계시록 전체에 있는 모든 사건을 208장의 그림으로 17여 년 동안 그려서 완성한 일생의 걸작이다.

세대적 진리

클라렌스 라킨 지음 / 322쪽 / 32,000원

1920년에 출간된 이 책은 세대주의 연구의 기초가 되는 책으로 클라렌스 라킨의 역작이며, 성경을 연구하는 모든 그리스도인의 필독서이다.

요한계시록

피터 S. 럭크만 지음 / 592쪽
30,000원(eBook 12,900원))

방대한 성경 지식과 연결되어 있는 본서의 "유기성"은 이 책 한 권으로 신학적 기틀을 쌓는 것을 가능케 한다.

신약교회사

피터 S. 럭크만 지음 / 800쪽 / 32,000원

본 교회사는 로마카톨릭의 박해를 견디면서 신실하게 주님을 섬기며 재림을 기다렸던 성도들의 피 흘린 발자취를 다루고 있는 정통 교회사다

솔로몬 성경공부 시리즈

요한계시록

제1권 일곱 교회의 신비(1-4장)

초판1쇄 2021년 4월 30일
초판3쇄 2023년 12월 15일
지 은 이 / 편 집 부
발 행 인 / 박 승 용
발 행 처 / 말씀보존학회
출판등록 / 제409-2022-000036호
주 소 / 서울 강서우체국 사서함 제90호
전 화 / (02) 2665 - 3743
팩 스 / (02) 2665 - 3302
인 터 넷 / www.biblemaster.co.kr

값 10,000 원

<그리스도인이면 꼭 알아야 할 성경 지식>

요한계시록

제2권

일곱 봉인과 일곱 나팔(5-12장)

서울솔로몬학교 성경연수원

차 례

이 책에 인용된 성경 구절은 〈한글킹제임스성경〉입니다.

제1과

일곱 봉인을 떼시는 어린양(5,6장)

『그 장로 가운데 하나가 나에게 말하기를 "울지 말라, 보라, 유다 지파의 사자인 다윗의 뿌리가 이겼으니 그 책을 펴고 또 그 책의 일곱 봉인을 떼리라."고 하더라』(계 5:5).

성경에 예언된 대환란

"대환란"은 예수 그리스도께서만 예언하신 것(마 24:21,22)이 아니다. 신구약 성경의 다른 기록자들도 이 부분에 관하여 많은 예언을 했다. 예레미야 30:4-7에서는 이때를 "야곱의 고난의 때"라고 말하면서 여자가 "산고"로 고통당하는 것에 비유했다. 에스겔 20:33-38에서는 "막대기 아래로 지나가게 할 것"이라고 말씀하고 있으며, 에스겔 22:19-22에서는 하나님께서 이스라엘을 그분의 "용광로" 안으로 던지실 것이라고 말씀하는데, 주님께서 그렇게 하시는 날들에 그들은 "은과 금을 정련시키는 것"같이 정련될 것이다(말 3:1-3, 슥 13:9). 선지자 다니엘 역시 그의 백성인 유대인들의 "고난의 때"에 관해 말하고 있다(단 12:1). 이러한 구절들은 "대환란"이 이스라엘 민족과 연관되어 있다는 것과 그들을 하나님의 택함받은 백성으로 회복시키기 위한 정련의 과정임을 보여 준다. 이것이 대환란을 통과하는 이방인들에게도 영향을 주겠지만, "교회"는 주의 날인 대환란이 시작되기 전에 휴거될 것이기 때문에 그러한 고난과는 아무 관련이 없다.

『은이 용광로 가운데서 녹는 것같이 너희도 그 가운데서 그렇게 녹으리라. 그리하면 너희는 나 **주**가 내 분노를 너희 위에 부은 줄을 알게 되리라』(겔 22:22).

일곱 봉인을 취하여 떼시는 어린양

1. 봉인된 책(5:1-4)

▲ 봉인된 책

1) "봉인된 책"은 "요한계시록" 아니면 "다니엘서" 혹은 "성경"일 수도 있는데, "요한계시록"일 가능성이 가장 높다(cf. 계 22:10).

2) "봉인된 책," 곧 요한계시록뿐만 아니라 성경은 하나님께서만이 우리의 지각과 마음을 여시어 깨닫게 해 주실 수 있는 책이다.

➡ 모든 해석들, 특히 "성경의 해석"은 "하나님께" 속해 있다.

(1) 『**해석들은 하나님께 속하지 아니하나이까?**』(창 40:8)

(2) 『**오직 하늘에 계신 하나님뿐이시니, 그분은 은밀한 것을 나타내시며**』(단 2:28).

▲ 봉인된 책을 받으시는 예수 그리스도

(3) 『**그때 그들의 지각을 열어 성경을 깨닫게 하시더라**』(눅 24:45).

(4) 『**그러나 진리의 영이신 그분이 오시면 너희를 모든 진리로 인도하시리라... 또 너희에게 다가올 일들을 알려 주시리라**』(요 16:13).

2. 예수 그리스도는 "유다 지파의 사자"이시며 "어린양"이시다(5:5-8)

▲ 유다 지파의 사자

1) 『**유다 지파의 사자**』이자 『**다윗의 뿌리**』는 (5절) 예수 그리스도이시다(창 49:8-11, 민 23:24, 마 1:1, 계 22:16, 눅 20:44).

2) 예수 그리스도께서는 초림 때 세상 죄를 제거하는 "**어린양**"으로 오셔서(요 1:29) 사탄과 죄와 세상을 이기셨고, 재림 때는 "**유다 지파의 사자**"로 오셔서 적그리스도의 군대와 죄인들의 세상을 심판하실 것이다.

3) 『**그 향은 성도들의 기도라**』(8절). 우리의 기도는 언제 어디에서든지 하나님의 보좌 앞으로 또는 어린양 앞으로 향이 되어 올라가야 한다.

3. 어린양께 드리는 모든 피조물의 우주적인 찬양(5:9-14)

▲ 만왕의 왕

1) 하늘에서는 주 예수 그리스도의 보혈만을 찬양한다. 오직 그 보혈만이 우리를 구속할 수 있었기 때문이다!

2) 예수님께서는 우리를 『**왕들과 제사장들**』로 삼으셨다(10절).

주님과 함께 고난을 당하는 가운데, 신실하게 주님을 섬기고 복음을 전파한 성도들은 장차 『**땅 위에서**』 주님과 함께 통치하게 될 것이다(10절, 눅 19:17, 딤후 2:12, 골 3:24).

3) 현재 이곳 지상에서도 구원받은 모든 그리스도인의 삶의 목표는 "**죽임을 당하신 어린양께 모든 권세와 부귀와 지혜와 힘과 존귀와 영광과 찬양을 돌려드리는 것**"이 되어야 한다(12,13절, 고후 5:15).

요한계시록 4장에서 교회는 하늘로 휴거되고 주 예수 그리스도와 함께 하늘에 있다. 그리고 주님께서 봉인된 책을 취하시고 봉인을 떼기 시작하시면서 요한계시록 6-19장의 일들이 일어나게 되는데, 이 기간이 바로 "다니엘의 70째 주"(단 9:24), "야곱의 고난의 때"(렘 30:7), "고난의 때"(단 12:1)라고 불리는 "대환란"이다.

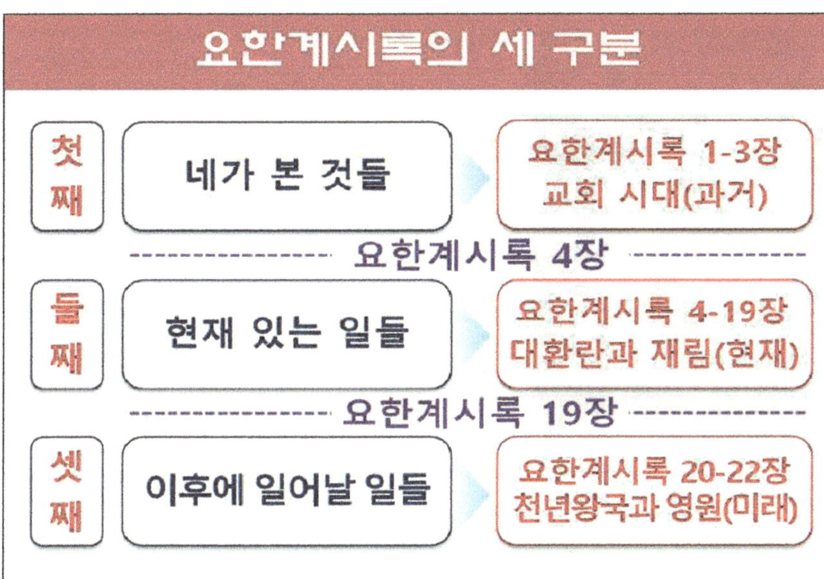

4. 여섯 개의 봉인이 열리다(6:1-17)

▲ 첫째 봉인 - 흰 말 탄 자

1) <u>첫째 봉인</u>(1,2절)

(1) "사자"의 모습을 한 그룹이 "와서 보라." 라고 말하는데(1절), <u>흰 말 탄 자가 활을 가졌으며 한 면류관이 그에게 주어졌다</u>. 여기서 "흰 말 탄 자"는 요한계시록 19장의 주 예수 그리스도가 아니다(19:11-16). 이 자는 예수 그리스도를 흉내 내는 사탄과 관계되어 있으니, 곧 사탄의 모조품인 "<u>적그리스도</u>"이다.

(2) <u>예수 그리스도를 모방하는 사탄에게 속아서는 안 된다</u>.

① 예수님의 신부인 도성 "새 예루살렘"(계 21장) vs. 사탄의 신부

인 "바벨론"(계 17장)

② "세상의 빛"(요 8:12; 9:5) vs. "빛의 천사"(고후 11:14)

③ "만왕의 왕"(계 19:16) vs. "모든 교만한 자들의 왕"(욥 41:34)

④ "화평의 통치자"(사 9:6) vs. "이 세상의 통치자"(요 14:30)

⑤ "나의 주, 나의 하나님"(요 20:28) vs. "이 세상의 신"(고후 4:4)

⑥ "기록되기를"이라고 하면서 말씀을 인용하심(눅 4장) vs. "기록되기를" 하고 말씀을 "일부"만 인용함(눅 4장)

⑦ "유다 지파의 사자"(계 5:5) vs. "울부짖는 사자"(벧전 5:8)

▲ 둘째 봉인 - 붉은 말 탄 자

2) **둘째 봉인**(3,4절)

➡ "송아지" 모습을 한 그룹이 "와서 보라."라고 말할 때(3절) **붉은 말이 등장한다**. 그리고 그에게는 평화를 제거하는 권세가 주어지는데 큰 칼, 즉 "**전쟁**"으로 인한 유혈 사태가 일어나게 된다.

▲ 셋째 봉인 - 검은 말 탄 자

3) **셋째 봉인**(5,6절)

➡ "사람"의 모습을 한 셋째 짐승이 "와서 보라."라고 하자(5절), **검은 말이 등장하고 그 위에 탄 자의 손에는 저울이 들려 있다**. 즉 적그리스도의 등장 이후 전 세계적인 "**기근**"이 있을 것임을 보여 준다.

▲ 넷째 봉인 - 창백한 말 탄 자

4) 넷째 봉인(7,8절)

(1) "독수리"의 모습을 한 넷째 짐승이 "와서 보라."고 말하자(7절), **창백한 말이 등장하는데** 그 위에 탄 자의 이름은 "사망"이요 "지옥"이 그 뒤를 따르고 있다.

(2) 지옥에 있는 "반인반마"의 짐승들이 지상으로 풀려나는 것을 의미하기도 하는데(9:1-13, 사 34:8-17), 이들에게는 칼과 굶주림, 사망, 땅의 짐승들로 "땅의 사분의 일"을 죽일 권세가 주어진다. 말 그대로 "지상 지옥"이 펼쳐지는 것이다.

▲ 죽임당한 자들의 혼들이 부르짖음

5) 다섯째 봉인(9-11절)

➠ "제단 아래에 죽임 당한 자들의 혼들"이 등장하는데, 하나님께서는 그들에게 『**잠시만 더 쉬라고 말씀**』(11절)하신다. 이 제단은 "성전의 제단"을 말하는데, 말하자면 대환란 기간에 적그리스도가 성전에 앉아 있게 될 것이고(마 24:15, 살후 2:3-8), 환란 성도들은 그에 의하여 목 베임 당해 죽게 되는 것이다.

▲ 대환란 - 파괴와 지진

6) 여섯째 봉인(12-17절)

(1) 큰 지진이 일어나고 하늘의 해와 달과 별들의 혼란이 일어난다(마 24:29-31, 눅 21:25,

막 13:24-26, 행 2:19,20).

(2) 왕들과 위대한 자들과 부자들과 대장들은 외치기를 "어린양의 진노에서 우리를 숨겨 달라."라고 외친다(16절).

(3) <u>어린양의 진노의 큰 날</u>(17절)

➡ 재림으로 인한 심판이 제시되고 있는데, 유다 지파의 사자이신 주 예수 그리스도께서 진노 가운데 이 땅에 다시 오셔서 심판하시는 것이다(사 63:1-6).

▲ 원수들을 멸하시는 예수 그리스도

이로써 대환란에 관한 "첫 번째 설명"이 마무리되고 있다. "일곱 봉인" 중에서 마지막 "일곱 번째 봉인"은 요한계시록 8장에서 열리는데, 봉인이 열릴 때 하늘에는 약 반 시간쯤 "정적"이 있게 된다(8:1).

대환란에 대한 첫 번째 설명 – 일곱 봉인

첫째 봉인	흰 말 탄 자	적그리스도
둘째 봉인	붉은 말 탄 자	전쟁, 유혈
셋째 봉인	검은 말 탄 자	기근
넷째 봉인	창백한 말 탄 자	사망, 지옥
다섯째 봉인	제단 아래 순교한 혼들	
여섯째 봉인	큰 지진, 해, 달, 별들의 혼란	
일곱째 봉인	정적(계 8:1)	

제1과 복습문제

1. 첫째 봉인이 열릴 때 등장하는 "흰 말 탄 자"는 주 예수 그리스도이시다. (O , X)

2. 둘째 봉인이 열릴 때 등장하는 "붉은 말"은 (　　　　　)과 관련이 있고, 셋째 봉인이 열릴 때 등장하는 "검은 말"은 (　　　　　)과 관련이 있다.

3. 넷째 봉인이 열릴 때 "창백한 말"이 나오는데, 그 위에 탄 자의 이름은 (　　　　　)이요, 지옥이 그 뒤를 따르고 있다.

4. 다섯째 봉인이 열릴 때 제단 아래에 순교한 혼들이 등장하고, 여섯째 봉인이 열릴 때 큰 (　　　　　)이 일어나고 하늘의 해와 달과 별들의 혼란이 일어난다.

5. 『그 장로 가운데 하나가 나에게 말하기를 "울지 말라, 보라, 유다 지파의 (　　　　　)인 다윗의 (　　　　　)가 이겼으니 그 책을 펴고 또 그 책의 일곱 봉인을 떼리라."고 하더라』(계 5:5).

■ 복습 문제의 정답은 홈페이지(www.solomonbtc.org)에서 확인할 수 있습니다.

NOTES

NOTES

제2과
인장으로 표시받는 환란 성도들(7장)

『또 내가 인장으로 표시를 받은 자들의 숫자를 들었는데 이스라엘 자손의 모든 지파에서 십사만 사천 명이 인장으로 표시를 받았더라』(계 7:4).

"십사만 사천 명"은 누구인가?

"십사만 사천 명"은 "여호와의 증인들"이나 "제칠일안식일예수재림교도들"이 아니다. 그들은 "그리스도인들"도 "영적인 유대인들"도 아니다. 그들은 문자 그대로 이스라엘의 "열두 지파" 가운데서 선정된 십사만 사천 명이다. 따라서 "이스라엘의 지파들"을 말하는 것이지, 결코 "믿는 성도들의 영적인 지파들"이 아닌 것이다. 거듭난 그리스도인들은 "어떤 지파"에도 소속되어 있지 않다. 이는 그리스도 안에서는 유대인도, 이방인도 없고 모두가 하나이기 때문이다(갈 3:28). 그뿐만 아니라 "십사만 사천 명"은 "신천지"도 아니다. 이 가증한 이단은 이스라엘의 열두 지파도 모자라서 "마태 지파," "야고보 지파," "요한 지파," "다대오 지파," "맛디아 지파" 등까지 날조해 냈다.

우리는 "십사만 사천 명"이 누구인지 우리 스스로 해석할 필요가 없으며 성경에 기록된 그대로 읽기만 하면 된다. 문제는 사람들이 그렇게 많은 종교적인 쓰레기들을 먹어 왔기 때문에 그들이 성경을 읽어도 믿을 수 없다는 데 있다. 성경에서 "이스라엘 자손의 모든 지파에서 선정된 십사만 사천 명"이라고 말씀했다면, 그것은 다른 어떤 뜻을 의미하지 않고 말 그대로 "이스라엘 자손의 모든 지파에서 선정된 십사만 사천 명"을 의미한다. 그것을 어떻게 확신할 수 있는가? 성경이 그렇게 말씀하고 있기 때문이다!

인장으로 표시받는 십사만 사천 명

1. 인장으로 표시받는 십사만 사천 명의 유대인 환란 성도들(7:1-8)

▲ 인장을 가진 천사

1) 요한계시록 7장은 일종의 "삽입장"으로서 일곱 개의 봉인들이 열리는 가운데 있을 일, 곧 환란 기간에 일어날 어떤 일을 묘사하고 있다.

2) 에스겔 9:1-7의 말씀에서도 환란 기간에 이마에 인장으로 표시받는 사람들을 예언적으로 보여 주고 있다.

『그가 또 내 귀에다 큰 소리로 부르짖어 말씀하시기를 "성읍을 관할하는 자들도 각자 손에 파괴하는 무기를 들고 나오게 하라." 하시더라. 보라, 여섯 사람이 북쪽을 향해 있는 윗 대문 길로부터 오는데 각자 손에 살육하는 무기를 가졌고 그 중에 한 사람은 가는 베옷을 입고 옆에 서기관의 잉크통을 찼더라. 그들이 들어와서 놋 제단 곁에 섰더라. 이스라엘의 하나님의 영광이 그가 계셨던 그룹에서 올라가 성전의 문지방에 이르니 주께서 가는 베옷을 입고, 옆구리에 서기관의 잉크통을 찬 사람을 부르시더라. 주께서 그에게 말씀하시기를 "너는 성읍 중간을 통과하라. 예루살렘 중간을 통과하여 그 가운데서 행해지는 모든 가증한 짓들로 인하여 탄식하고 울부짖는 사람들의 이마에 표를 하라." 하시고』(겔 9:1-4).

▲ 인장으로 표시받은
십사만 사천 명의 유대인들

➠ 이 "표"는 "짐승의 표"에 반대되는 표이다. 대환란 기간에 "이마"에 이 "표"를 받은 자들은 하나님의 심판으로부터 구제될 것이다(단 12:1). 이 인장이 표시된 후에 요한계시록 8장에서는 마지막 일곱 번째 봉인이 열리면서 "일곱 나팔"을 통한 재앙들이 쏟아지는데, 이와 마찬가지로 에스겔 9:5-7에서도 살육과 심판이 행해진다.

3) <u>**성경은 분명하게 『이스라엘 자손의 모든 지파』(4절)에서 인장으로 표시를 받은 "십사만 사천 명"이라고 말씀한다**</u>. 다만 "구약"(민 26:1-65)의 열두 지파와 차이 나는 부분이 요한계시록 7장에서 발견되는데, "요셉"이 "에프라임 지파"를 대신하고 있고, "레위"가 "단 지파"를 대신하고 있다는 점이다(호 4:17, 암 8:14, 신 29:20, 레 24:11, 창 49:17, 판 18:10-18,31).

요한계시록 7:1-8	
1	유다
2	르우벤
3	갓
4	아셀
5	납탈리
6	므낫세
7	시므온
8	단 ➤ 레위
9	잇사갈
10	스불룬
11	에프라임 ➤ 요셉
12	베냐민

(1) <u>**에프라임 지파가 빠진 이유**</u>

➠ 북왕국 이스라엘(열 지파)이 앗시리아에 의해 멸망당하고 포로로 사로잡혀갈 무렵, 열 지파를 대표하는 "에프라임"은 우상 숭배로 인해 정죄를 받게 된다(호 4:17). 이에 하나님께서는 우상 숭배와 관련된 "에프라임"이라는 "이름"을 하늘 아

래로부터 지워 버리시고(신 29:17-20) 그것을 "요셉"으로 대체하여 대환란을 통과하게 하신다.

(2) <u>단 지파가 빠진 이유</u>

① 단 지파는 마귀를 예표하는 "뱀"과 "독사"(창 49:17), "사자"(신 33:22)와 연관되어 있다.

② 재판관들의 시대에 단 지파는 미카의 집에 있던 "아버지"라 불리는 제사장과 그의 새긴 형상과 더불어 "형상 숭배"에 빠지기 시작하고(판 18:30,31), "시돈인들의 방식을 따라"(판 18:7) 바알 숭배를 받아들이게 된다. 그래서 하나님께서는 대환란 때 인장으로 표시받아 보호받는 지파들에서 그들을 제외시키시고, 대환란의 재앙에서 보호받지 못한 채 통과하도록 만드신다. 그들 대신에 인장으로 표시를 받고 보호를 받는 지파는 "레위 지파"이다.

이처럼 "에프라임"과 "단"은 열두 지파에서 사라지지만 대환란을 통과한 이후에는 다시 지파로서의 자격을 회복하게 된다. 즉 하나님께서는 천년왕국에서 각 지파에 유업을 할당하실 때 단과 에프라임을 다시 언급하시는 것이다. 『**이제 지파들의 이름이 이러하니라. 북쪽 끝에서부터 헤들론 길의 지경까지, 즉 하맛까지 이르러 북쪽 다마스커스의 경계 하살에난과 하맛 지경까지니, 이것은 동편에서 서편에 있는 것이요, <u>단의 몫이라</u>**』(겔 48:1). 『**므낫세 접경 옆으로 동편에서 서편까지는 <u>에프라임의 몫이요</u>**』(겔 48:5). 실로 "이스라엘의 회복"은 "신비"라고밖에는 말할 수가 없다(롬 11:25-27). **<u>이상 열두 지파에 나타나는 변화를 통해 우리가 배워야 할 교훈은, 그들의 구성에 변화가 가해진 것은 다름 아닌 "죄" 때문이라는 점이다</u>.** 죄는 "영적 권리를 박탈당하게" 하고 "하나님의 보호를 받지 못하게" 한다. 따라서 죄는 그 이름조차 혐오해야 하고(엡 5:3) 멀리해야 하는 것이다.

2. 이방인 환란 성도들(7:9-17)

1) **『아무도 셀 수 없는 큰 무리』**(9절)는 대환란에서 구원받은 이방인 성도들로서, 이들은 대환란 기간에 순교를 당한 후에 잠시 제단 아래 머물러 있다가 하늘로 들림받게 된다.

▲ 성모와 철갑처녀

2) **이들은 순교를 통해 자신의 옷을 주 예수 그리스도의 피로 씻은 사람들이다.** **『그때 장로 가운데 한 사람이 대답하여 나에게 말하기를 "흰 옷을 입은 이 사람들이 누구며, 어디서 왔느냐?" 하기에 내가 그에게 말씀드리기를 "주여, 당신이 아시나이다." 하니 그가 내게 말하기를 "이들은 대환란에서 나온 사람들이며 자기들의 옷을 씻어 어린양의 피로 희게 하였느니라』**(13,14절).

➡ 이들은 교회 시대의 구원받은 그리스도인들이 아니다. 왜냐하면 그리스도인들은 "어린양의 피로 직접 자기들의 옷을 씻어서 깨끗하게 된" 사람들이 아니라, "예수 그리스도께서 친히 그분의 피로 씻겨 주신"(계 1:5) 사람들이기 때문이다.

3) **대환란을 통과한 이방인 환란 성도들이 받게 되는 복들**(15-17절)

(1) 하나님의 보좌 앞에서 그분의 성전에서 밤낮 섬기게 된다(15절).

(2) 굶주리지도, 목마르지도, 태양이나 어떤 열기에 의해서 고통받지도 않는다(16절).

(3) 어린양께서 그들을 먹이시고 생수의 샘들로 인도하신다(17절 a).

(4) **하나님께서 그들의 모든 눈물을 씻어 주신다**(17절 b).

그리스도인은 두 번 눈물을 흘리게 된다. 한 번은 "**그리스도의 심판석**"에서 예수 그리스도를 위해 해야 할 일을 하지 않았기 때문에 흘리게 되고, 또 한 번은 "**큰 백보좌 심판**"에서 구령했어야 하는 이들이 불못에 던져지는 것을 보면서 눈물을 흘리게 된다. 그 이후로는 어떤 슬픔도, 눈물도 없을 것이다(21:4).

▲ 그리스도의 심판석

▲ 큰 백보좌 심판

■ 새롭게 깨달았거나 적용할 내용이 있다면 적어 보세요. ■

제2과
복습문제

1. 요한계시록 7장의 십사만 사천 명은 신약 교회 시대의 거듭난 그리스도인들이다. (O , X)

2. 십사만 사천 명 안에는 "단 지파"도 들어 있다. (O , X)

3. 십사만 사천 명 중에서 "에프라임 지파"는 ( )으로 대체되어 있다.

4. 『그때 장로 가운데 한 사람이 대답하여 나에게 말하기를 "흰 옷을 입은 이 사람들이 누구며, 어디서 왔느냐?" 하기에 내가 그에게 말씀드리기를 "주여, 당신이 아시나이다." 하니 그가 내게 말하기를 "이들은 ( )에서 나온 사람들이며 자기들의 옷을 씻어 어린양의 피로 희게 하였느니라』(계 7:13,14).

5. 『또 내가 인장으로 표시를 받은 자들의 숫자를 들었는데 ( ) 자손의 모든 지파에서 십사만 사천 명이 인장으로 표시를 받았더라』(계 7:4).

■ 복습 문제의 정답은 홈페이지(www.solomonbtc.org)에서 확인할 수 있습니다.

NOTES

NOTES

제3과

일곱 나팔의 재앙(8,9장)

『또 그들에게는 자기들을 다스리는 왕이 있으니 끝없이 깊은 구렁의 천사요, 그의 이름은 히브리어로 아바돈이며 헬라어로 그의 이름은 아폴루온이더라』(계 9:11).

큰 백보좌 심판

당신은 죽을 것이다! 그리고 당신이 죽기 전에 구원받지 못한다면 생을 마감하고 난 뒤, 지옥에서 눈을 뜨게 될 것이다. 아주 고집스럽게 그리스도의 복음을 거절한 당신과 "큰 백보좌 심판"에서 만나기로 약속하자. 언젠가 우리는 반드시 거기에서 만나게 될 것이다. 다만 나는 저기 위에 있을 것이고, 구원받지 못한 당신은 저기 아래에 있을 것이다.

당신은 이렇게 말할지도 모른다. "럭크만, 어떻게 당신이 하늘에 갈 수 있나요? 당신은 이 모든 죄에 대해 유죄라고 생각하지 않나요?" 물론 나는 유죄다. 그러나 나는 구원자를 얻었다. 그 구원자께서는 내가 죽음에서 생명으로 옮겨가게 되었다고 말씀하셨다. 『**진실로 진실로 내가 너희에게 말하노니, 내 말을 듣고, 또 나를 보내신 분을 믿는 자는 영생을 얻고, 정죄에 이르지 아니할 것이며, 사망에서 생명으로 옮겨지느니라**』(요 5:24).

죄에 대한 하나님의 치료약을 복용할 죄인이 여기 있는가? 죄에 대한 하나님의 유일한 치료책은 하나님의 독생자 예수 그리스도의 피의 대속이다. 무엇이 나의 죄를 씻어 버릴 수 있는가? 예수 그리스도의 피밖에 없다!(피터 럭크만의 〈휴거 이후에 있을 일들〉, 「제7장 큰 백보좌 심판」, p.167)

일곱 나팔의 재앙(8:1-9:21)

요한계시록 8-11장에서는 일곱 나팔을 통해서 대환란에 관한 두 번째 설명을 시작한다. 특히 8장에서는 "일곱 나팔 가운데 네 개의 나팔"을, 9장에서는 "두 개의 나팔"을 다룬다.

1. 네 개의 나팔의 재앙(8:1-13)

1) 향의 연기가 성도들의 기도와 함께 하나님께로 올라간다(1-5절).

➠ 우리의 기도는 금향로의 향과 함께(3,4절) 하나님 앞으로 올라가게 된다는 사실을 다시 한 번 명심해야 한다(시 141:2, 눅 1:10). 하나님께서는 성도들의 기도를 기억하시는 것이다(행 10:2-4).

▲ 일곱 천사의 나팔

2) 첫째 나팔(6,7절)

➠ 피가 섞인 우박과 불이 쏟아지고 초목의 삼분의 일이 불에 탄다.

▲ 피가 섞인 우박

3) 둘째 나팔(8,9절)

➠ 거대한 산이 불타서 바다에 던져지고, 바다의 삼분의 일이 피로 변한다(계 16:3-6). 바다에 있는 생명을 가진 피조물들 삼분의 일이 죽고, 배들의 삼분의 일이 파괴된다.

▲ 피바다

4) <u>셋째 나팔</u>(10,11절)

➠ "쑥"이라는 별이 추락하게 되어 물의 삼분의 일이 쓰게 된다. 그로 인해 많은 사람이 죽게 되지만 환란 성도들, 곧 "이기는 자"는 마가복음 16:17,18의 약속들을 지녔기 때문에 해를 당하지 않는다. 말하자면 대환란 때는 하나님께서 다시 이스라엘을 다루시기 때문에 사도적인 표적들과 이적들이 다시 나타나게 되는 것이다.

5) <u>넷째 나팔</u>(12,13절)

➠ 해, 달, 별들의 삼분의 일이 강타를 당하여 낮과 밤의 삼분의 일 동안 빛이 비치지 않는다. 이 재앙은 요한계시록 6:12과 잘 어울리며, 요한계시록 16:8,9과도 관련이 있다.

2. 다섯 번째 나팔과 여섯 번째 나팔의 재앙(9:1-21)

1) <u>다섯째 나팔</u>(1-11절)

(1) <u>끝없이 깊은 구렁</u>(1절)

▲ 끝없이 깊은 구렁의 열쇠를 받은 천사

① 바닥이 없는 구덩이, 즉 가운데가 빈 도넛과 같은 모양의 구렁을 말한다. 땅의 중심부에 그러한 구렁이 있는 것인데, 한 천사가 그곳 구렁의 열쇠를 받아 구렁을 열게 된다.

② 이 구렁은 바닥이 없고 "사면"만 있다. 예수 그리스도의 재림 때 사탄은 바닥이 없는, 이 끝없이 깊은 구렁의 "사면"으로 내려가게 된다(사 14:15, 20:1-3).

(2) 구렁에서 나오는 초자연적인 "메뚜기들"(2,3절)

① 보통의 메뚜기들이라면 연기에 질식당할 것이지만, 이들은 연기와 함께 나오더라도 질식하지 않는다.

② 메뚜기들은 왕이 없지만(잠 30:27), 이들에게는 다스리는 왕이 있다(11절, 끝없이 깊은 구렁의 천사).

③ 그 왕의 이름은 히브리어로 아바돈, 헬라어로는 아폴루온이며, 모두 "멸망" 혹은 "멸망시키는 자"라는 뜻을 가지고 있다. 그가 바로 요한복음 17:12에서 "멸망의 아들"이라고 불리는 "유다 이스카리옷"이다(cf. 살후 2:3).

▲ 끝없이 깊은 구렁을 여는 천사

▲ 끝없이 깊은 구렁의 왕

(3) 메뚜기들의 공격 대상(4-6절)

① 이마에 하나님의 인장으로 표시받지 않은 사람들만 해치라는 명령을 받는다(4절).

② 그들을 죽이지는 말고 오직 다섯 달 동안 고통만 주라고 한다(5절, cf. 10절).

③ 그것은 전갈이 쏘는 것과 같은 고통이지만 그 날들에는 죽으려고 해도 죽지 못한다(6절, 이 메뚜기들에게 공격을 당하면 너무 고통스러워 자살 충동을 느낀다).

▲ 메뚜기에 괴롭힘 당하는 사람들

(4) 메뚜기들의 모양(7-10절) : 흉폭한 반인반마(半人半魔)의 괴물

① 마치 전쟁을 위하여 준비한 말들과 같고,

▲ 초자연적인 메뚜기들

그 머리에는 금 면류관 같은 것을 썼다(7절).

② 얼굴은 사람들의 얼굴과 같고, 머리카락은 여인들의 머리카락 같으며, 이빨은 사자들의 이빨과 같다(8절).

③ 그들의 흉배는 철 흉배 같고, 날갯소리는 전쟁터로 달려가는 많은 말들이 끄는 병거 소리 같다(9절).

④ 전갈과 같은 꼬리가 있고, 꼬리에는 쏘는 침이 있어 다섯 동안 사람들을 해칠 권세를 받는다(10절). 참고 구절 - 『**한 민족이 내 땅에 올라왔으니, 강하고 헤아릴 수 없으며, 그의 이는 사자의 이요, 그는 큰 사자의 어금니를 가졌도다**』(욜 1:6).

2) 여섯째 나팔(12-21절)

(1) 요한계시록 8:13에서는 한 천사가 땅에 사는 자들에게 "화 있으리라."라고 세 번 말했다.

➠ 그 "세 가지 화" 중에서 "한 가지 화"는 지나갔다[다섯째 나팔(1-11절) - 초자연적인 메뚜기들의 공격). 그러나 아직도 "두 가지 화"가 더 오게 된다[12절, 여섯째 나팔(12-21절), 일곱째 나팔(11:15-19)].

(2) 여섯째 천사가 나팔을 불자 큰 강 유프라테스에 결박하여 놓은 "네 천사"를 풀어 주라는 명령이 내려진다(13,14절).

➠ 그들은 사람들의 3분의 1을 죽이려고 그 연, 월, 일, 시를 위하여 예비해 둔 자들이다(15절). 그런데 이들이 나타나기 전에 요한계시록 6:8에서 창백한 말을 탄 자가 나타났을 때 이미 "땅의 4분의 1"이 죽임을 당했다. 따라서 그 "남아 있는 4분의 3" 중

에서 3분의 1이 이 "둘째 화"를 통해 죽게 되는 것이다(18절).

(3) 둘째 화에 등장하는 자들의 수는 "2억"이며 "사탄의 기병대"이다(16절). 이들은 해 돋는 곳, 곧 "동방"으로부터 온다(계 16:12).

▲ 아마겟돈으로 집결하는 적그리스도의 군대

(4) <u>기병대의 모습과 하는 일</u>(17-19절)

① 말 위에 탄 자들은 초인간적인 존재들로서 불과 제신스와 유황으로 된 흉배를 지녔다(17절).

② 말들의 머리는 사자들의 머리 같고 그들의 입에서는 불과 연기와 유황이 나온다. 이 세 가지로 사람들 3분의 1을 죽인다(17,18절).

▲ 갑작스러운 재앙이 닥치는 대환란

③ 그것들의 힘은 사람들을 공격하는 "입"과 "꼬리"에 있다. 꼬리에는 뱀 같은 머리가 달렸으며 그것으로 사람들을 상하게 한다(19절).

(5) 둘째 화의 재앙으로 죽지 않은 나머지 사람들은 회개하지 않는 완악함을 보인다(20,21절). "우상 숭배, 살인, 미술, 음행, 도둑질"을 여전히 행하고 있는 것이다. **『또 자기들의 살인과 미술과 음행과 도둑질을 회개하지 아니하더라』**(9:21).

요한계시록 9장에서의 교훈은 명백하다. 하나님께서 사람들을 수없이 상대하셔서 그들을 때리고 죽이고 불구자로 만든다 해도, 그들이 온전해지기를 원치 않는다면 온전해지지 않을 것이며, 어떤 압력도 그들의 의지를 굴복시키지 못할 것이다. 인간의 의지는 생각하는 것보다 훨씬 더 완악한 것이다!

대환란에 대한 두 번째 설명 – 일곱 나팔

나팔	내용	결과
첫째 나팔	피 섞인 우박, 불	초목 1/3 불탐
둘째 나팔	산이 타고 던져짐	바다의 1/3 파괴
셋째 나팔	쑥이란 별의 추락	물의 1/3이 쑥이 됨
넷째 나팔	해, 달, 별 1/3 강타	낮과 밤 1/3 어둠
다섯째 나팔	끝없이 깊은 구렁	초자연적 메뚜기
여섯째 나팔	2억의 기병대	인구 1/3 사망
일곱째 나팔	예수 그리스도의 재림(계 11:15)	

■ 새롭게 깨달았거나 적용할 내용이 있다면 적어 보세요. ■

제3과
복습문제

1. ( ) 나팔이 불릴 때 피가 섞인 우박과 불이 쏟아지고 초목의 삼분의 일이 불에 타고, ( ) 나팔이 불릴 때는 거대한 산이 불타서 바다에 던져지고, 바다의 삼분의 일이 피로 변한다.

2. ( ) 나팔이 불릴 때 "쑥"이라는 별이 추락하게 되어 물의 삼분의 일이 쓰게 되고, ( ) 나팔이 불릴 때는 해, 달, 별들의 삼분의 일이 강타를 당하여 낮과 밤의 삼분의 일 동안 빛이 비치지 않는다.

3. 『또 그 연기에서 ( )들이 땅 위로 나왔는데 땅의 전갈들이 지닌 권세와 같은 권세를 받더라』(계 9:3).

4. 『기병대의 수는 ( )이니 내가 그들의 숫자를 들었노라』(계 9:16).

5. 『또 그들에게는 자기들을 다스리는 왕이 있으니 끝없이 깊은 구렁의 천사요, 그의 이름은 히브리어로 ( )이며 헬라어로 그의 이름은 ( )이더라』(계 9:11).

■ 복습 문제의 정답은 홈페이지(www.solomonbtc.org)에서 확인할 수 있습니다.

NOTES

NOTES

NOTES

제4과

힘센 천사와 일곱 천둥(10장)

『내가 보니, 다른 힘센 천사가 하늘에서 내려오는데, 구름으로 옷입고 머리에 무지개가 있으며, 얼굴은 해와 같고 그의 발은 불 기둥 같더라』(계 10:1).

다른 힘센 천사(1-7절)

1. 요한계시록 7장이 "삽입장"이듯이 10장 역시 "삽입장"이다. 계속되는 재앙들과 별도의 사건을 묘사하고 있는 것이다.

1) 요한계시록 6장에서 첫째 봉인부터 여섯째 봉인이 나오고, 일곱째 봉인은 8장에서 다시 등장하기 때문에 7장은 삽입장이 된다.

『또 내가 보니, 어린양이 여섯째 봉인을 여실 때, 보라, 큰 지진이 나며 해가 머리털로 짠 천같이 검어지고 달은 피처럼 되었으며』(6:12).

↓

7장 삽입

↓

『어린양이 일곱째 봉인을 여실 때 하늘에 약 반 시간쯤 정적이 있더라』(8:1).

2) 요한계시록 8,9장에서 첫째 나팔부터 여섯째 나팔이 나오고, 일곱째 나팔은 11장에서 다시 등장하기 때문에 10장은 삽입장이 된다.

『여섯째 천사가 나팔을 불 때 내가 들으니, 하나님 앞에 있는 금 제단의 네 뿔에서 한 음성이 나는데』(9:13).

↓

10장 삽입, 11장의 두 증인의 사역

↓

『그 후에 일곱째 천사가 나팔을 부니, 하늘에서 큰 음성들이 있어 말하기를』(11:15).

2. 다른 "힘센 천사"(1-3절)

▲ 무지개를 둘러쓴 힘센 천사

1) 구름으로 옷을 입고 머리에 무지개가 있으며, 얼굴은 해와 같고 발은 불기둥 같은 다른 힘센 천사가 하늘에서 내려온다(1절).

➡ 이 천사는 "주 예수 그리스도"이시다(cf. 갈 4:14, 1:14-18).

2) 다른 힘센 천사가 입은 구름은 예수 그리스도와 연관되어 나타난다.

➡ **『보라, 그가 구름들과 함께 오시리니』**(1:7, cf. 14:14, 행 1:9, 살전 4:17).

3) 예수 그리스도는 "유다 지파의 사자"라 불리시며(5:5), 이 힘센 천사 역시 **『사자가 포효하는 것처럼 큰 음성으로 외치』**신다(10:3, cf. 사 42:13, 욜 3:16, 암 1:2).

4) 힘센 천사가 서 있는 곳은 "바다"와 "땅" 위다(5절).

➡ 바다는 셈족과 함족과 야펫족에게 주신 세 대륙의 중심에 있는 "지중해"이고, 땅은 그 세 대륙이 만나는 "팔레스타인 땅"이다. 바로 그곳에 주님께서 서셔서 영원무궁토록 살아 계시는 창조주 하나님을 두고 맹세하시어 **『더 이상 지체하지 않을 것이라. 일곱째 천사가 소리를 내는 날들에 그가 나팔을 불게 되리니, 그때에 하나님의 신비가 그분께서 자기의 종들인 선지자들에게 선포하신 것과 같이 이루어질 것이라.』**(6,7절)라고 말씀하시는 것이다.

5) 7절에서 언급된 "일곱째 천사"는 일곱 번째 나팔을 부는 천사를 말한다.

(1) 주님께서 재림 전에 그 땅과 바다에 서셔서 이러한 선포를 하시는 것은, 주님께서 이 세상의 땅과 바다를 곧 접수하러 오시겠다는 선언이기 때문에 매우 의미심장한 모습이다.

(2) 일곱째 천사가 나팔을 부는 요한계시록 11:15에서 바로 그 점을 다루고 있다.

➡ **『그 후에 일곱째 천사가 나팔을 부니, 하늘에서 큰 음성들이 있어 말하기를 "이 세상의 나라들이 우리 주와 그의 그리스도의 왕국들이 되어서 그분이 영원무궁토록 통치하시리라."고 하더라』** (11:15, cf. 슾 3:8, 슥 14:1-3,9,16-19).

6) 그렇다면 "이 세상의 나라들이 우리 주와 그의 그리스도의 왕국들이 되어서 그분이 영원무궁토록 통치하시는 것"(11:15)을, "일곱째 천사가 나팔을 불 때 하나님의 신비가 그분께서 자기의 종들인 선지자들에게 선포하신 것과 같이 이루어지는 것"(10:7)으로 설명하는 이유는 무엇인가?

➡ 구약의 주제가 "왕국"이기 때문이다. 일곱째 천사가 나팔을 불면 구약에 예언된 대로 왕국이 땅에 임하게 되는 것이다. 이 문제에 관해서는 클라렌스 라킨의 ⟨세대적 진리⟩ 제13장과 피터 럭크만 목사의 ⟨하나님의 나라와 천국⟩을 참고하면 많은 도움을 얻을 수 있다. 라킨은 그의 책에서 왕국에 관하여 다음과 같이 설명한다.

❶ 우리는 성경을 통해 하나님께서 인간을 창조하신 이후 이 땅 위에 "눈에 보이는" 왕국을 세우려고 하셨다는 사실을 분명히 알 수 있다(창 1:26-28). 그러나 인간은 타락으로 말미암아 하나님께서 주신 이 통치권을 잃어버렸으며, 대신 사탄이 그 자리를 찬탈하여 "이 세상의 통치자"로 앉아 있게 되었다(마 4:8-10, 요 14:30). 그 후에 하나님께서

다시 아브라함을 부르심으로써 이 땅 위에 "눈에 보이는 왕국"을 세우시려는 계획을 시작하셨다. 이후로 모세, 여호수아, 그보다 더 오래 살았던 장로들, 재판관들, 다윗, 솔로몬 그리고 바빌론 포로 때까지의 이스라엘과 유다의 왕들 등 하나님께서는 표면상 "유대 국가"라는 형태로 이 "왕국"을 그들에게 맡기셨으며, 하나님께서는 이러한 사람들을 통하여 "신정 국가"의 형태로 통치하셨다.

❷ 그러다가 사무엘이 재판관이던 시절, 백성들은 하나님의 통치에 대항하여 왕을 구했다. 그 결과 하나님께서는 백성들의 뜻대로 사울을 왕으로 주셨다(삼상 8:6,7). 그 후 이 왕국은 하나님께서 선택하신 다윗을 통해 계승되었지만, 다윗의 자손들의 잘못과 백성들의 우상 숭배로 인해 B.C. 606년에 이스라엘 왕국을 통한 하나님의 신정 통치는 중단되고 "이방인들의 때"가 시작되었다.

❸ 이방인들의 때가 600년이 지난 후 어느 날, 하나님께서는 다시 한 번 그분의 왕국을 이 땅 위에 세우시고자 계획하셨으며, 천사 가브리엘을 통해 마리아에게 왕의 탄생을 알려 주셨다(눅 1:26-33). 30년이 지난 후 왕의 선두주자인 침례인 요한은 왕국이 가까이 왔다고 선포하였으며(마 3:1,2), 왕께서도 친히 이스라엘에게 자신을 드러내시어 같은 선포를 하셨고(마 4:17-23), 나중에 열두 제자들을 보내셨을 때도 같은 말을 외치도록 하셨다(마 10:7). 그러나 왕은 거부되었고 십자가에 못박히심으로써 왕국이 세워지는 것은 연기되었으며, 그것은 "신비적인 형태의 천국"으로 감추어지게 되었다.

7) **예수 그리스도께서는 초림 때 『자기 백성』(요 1:11)의 거부로 연기된 왕국을 재림 때 다시 가져오실 것이다.**

➠ 7절은 바로 그 왕국의 도래를 예수 그리스도께서 창조주의 이름으로 맹세하신 것이며, 그 왕국의 실제적인 실현은 요한계시록 11:15과 19:11-16에서 이뤄진다.

8) 따라서 다른 힘센 천사의 등장과 왕국의 도래에 관한 선언으로 특징지어지는 요한계시록 10장은 대환란 중간에 삽입된 기록이다.

➠ 이것은 또한 환란이 끝나기 전 어느 때에 주 예수 그리스도께서 유대인 환란 성도들을 위해 지상에 출현하실 것을 뜻하기도 한다.

3. 『사자가 포효하는 것처럼 큰 음성으로 외치니, 그가 외칠 때 일곱 천둥이 소리를 발하더라』(3절).

➠ 3절에서 일곱 천둥이 발한 소리를 사도 요한이 기록하려 하자 하늘에서 한 음성이 들려와 "일곱 천둥이 말한 것들을 봉인하고 기록하지 말라." 라고 명령한다(4절). 일곱 천둥의 소리는 하나님의 음성이다. 성경에는 하나님의 음성으로서의 "천둥소리"가 계시된다.

■ 요한복음 12:28,29 - 『그때 하늘에서 음성이 나기를 "내가 그 이름을 영화롭게 하였고 또다시 영화롭게 하리라."고 하시더라. 그때 곁에 서서 그 음성을 들은 무리가 말하기를 "천둥 소리였다."고 하고, 또 어떤 사람들은 "천사가 그에게 말한 것이라."고도 하더라.』

■ 요한계시록 14:2 - 『또 내가 하늘에서 나는 소리를 들으니, 많은 물 소리[cf. 겔 43:2]와도 같고 큰 천둥 소리와도 같더라. 또 내가 하프

타는 자들의 하프 소리도 들었노라.』

■ 시편 29:3-9 - 『**주**의 음성이 물들 위에 있도다. 영광의 하나님께서 천둥 소리를 내시며 **주**께서 많은 물들 위에 계시도다. **주**의 음성은 강력하며 **주**의 음성은 위엄으로 차 있도다. **주**의 음성은 백향목을 꺾으시나니 정녕, **주**께서는 레바논의 백향목을 꺾으시는도다. 그가 또 그것들을 송아지같이 레바논과 시리온을 어린 유니콘같이 뛰게 하시는도다. **주**의 음성이 화염을 갈라놓는도다. **주**의 음성이 광야를 진동시키나니 **주**께서 카데스 광야를 진동시키시는도다. **주**의 음성이 암사슴으로 새끼를 낳게 하시고 산림을 벗기시니 그의 성전에서 모두가 그의 영광을 말하는도다.』

■ 욥기 26:14 - 『보라, 이것이 그의 길들의 일부분이라. 그러나 그에게서 들은 것이 얼마나 적은가? 그의 능력의 천둥 소리를 누가 알아들을 수 있겠는가?" 하니라.』

■ 욥기 37:5 - 『하나님께서는 그의 음성으로 놀랍게 천둥 소리를 내시며 우리가 알아차릴 수 없는 큰 일들을 행하시는도다.』

■ 욥기 40:9 - 『네가 하나님과 같은 팔이 있느냐? 네가 그와 같이 음성을 천둥처럼 낼 수 있느냐?』

1) 주님께서 그분의 천둥소리를 내실 때 휴거가 일어난다(욥 37:2, 살전 4:16).

2) 휴거되는 우리에게는 하나님의 음성이 나팔 소리처럼 들릴 것이다.

➡ 『**하나님의 나팔 소리**』(살전 4:16).

3) 휴거되지 못하는 죄인들에게는 하나님의 나팔 소리가 천둥소리로 들릴

테지만(요 12:29), 그리스도인들에게는 명확한 나팔 소리로 말씀하시는 "이리 올라오라."라는 음성으로 들릴 것이다(계 4:1,2).

4) 우리가 휴거 때 듣게 될 나팔 소리는 예수 그리스도의 재림과 왕국의 도래를 알리는 일곱째 천사의 나팔이 아니다. 그것은 재림과 관련된 나팔 소리이다(마 24:31).

5) 요한계시록 10장의 일곱 천둥은 하나님의 음성이다. 시편 29:3-9에서는 하나님께서 천둥소리를 내시는 것과 관련하여 『**주의 음성**』이라는 표현이 정확히 일곱 번 등장한다(시 29:3,4[2번],5,7,8,9).

"작은 책"(8-11절)

1. 사도 요한에게 그 힘센 천사의 손에 펴 놓은 "작은 책"을 가지라는 명령이 하늘로부터 주어진다(8절).

『또 내가 하늘로부터 들은 그 음성이 내게 다시 말하여 이르기를 "가서 바다와 땅 위에 서 있는 그 천사의 손에 펴 놓은 작은 책을 가지라."고 하더라』(8절).

1) 이 음성은 힘센 천사 위, 곧 "하늘로부터" 들려온다.

2) 우리는 이와 똑같은 일이 마태복음 3장에서 일어났음을 알고 있다.

➡ 주 예수 그리스도께서 침례를 받으셨을 때(마 3:16) 하늘에서 한 음

성이 있어 "이는 내 사랑하는 아들이요 내가 기뻐하는 자"(마 3:17) 라고 말씀하신 것이다.

3) 사도 요한이 그 천사에게 가서 "그 작은 책을 내게 주소서."라고 하자, 천사는 요한에게 "집어서 먹어 버리라. 네 배에는 쓰겠지만 네 입에는 꿀처럼 달 것이라."라고 했다(9절).

> "작은 책"은 "하나님의 말씀"으로 볼 수 있다(겔 2:9; 3:3). 왜냐하면 첫째로 『주 **하나님**이 말하였으니 누가 예언하지 않겠느냐?』(암 3:8)라고 하시기 때문이다. 작은 책을 먹은 요한은 본문 "11절"에서 예언해야 한다는 명령을 듣는다. 둘째로 다윗이 『주의 말씀들이 내 입맛에 어찌 그리 단지요! 정녕, 내 입에 꿀보다 더 다니이다.』(시 119:103)라고 했기 때문이다.

4) "작은 책"을 먹으면 입에는 꿀처럼 달지만, 배에는 쓰다(10,11절). 말씀을 믿고 이해하고 즐기는 것은 꿀처럼 달지만, 배에서 소화시킨 말씀으로 인해, 곧 말씀을 실제 생활에 적용할 때는 박해를 받기 때문에 그 결과가 매우 쓴 것이다.

➡ 말씀은 젖(고전 3:2), 꿀(시 119:103), 사과(잠 25:11), 빵(눅 4:4), 고기(단단한 음식, 고전 3:2, 히 5:14)라고 불린다. 이 말씀을 먹고 깨닫는 것은 즐거운 일이지만, 그 결과로 많은 일이 일어난다. 일단 말씀을 소화하면 박해의 대상이 되기 때문에 "쓸" 것이다. 성경을 깨달으면 "이상한 사람"으로 여겨질 것이고, 매우 독특하게 보이고, "거슬리며," "사랑스럽지 않고," "비협조적"이며, "분리주의자"이고, "교회 분열을 일으키는 자"로 여겨질 것이다. 세상 종교인들에게는

매우 유별나고 이상한 사람으로 보일 것이기에 그들에게 완전히 배척당할 것이다. 거듭난 그리스도인은 성경을 문자 그대로 믿고 실행하는 『**독특한 백성**』(벧전 2:9)인 것이다.

5) "작은 책"을 먹은 사도 요한에게 『**네가 많은 백성들과 민족들과 언어들과 왕들 앞에서 다시 예언해야 하리라.**』라는 말씀이 주어진다(11절).

➠ 성경을 깨달았다면 그것을 다른 누군가에게 말하고 가르쳐야 한다(딤후 2:2). 현 세상에서 예언할 수 있는 사람은 성경대로 믿는 그리스도인들뿐이다. 『**예수의 증거가 예언의 영**』이므로(계 19:10) 성경을 통해서 『**예수의 증거**』를 깨달았다면 미래를 예언할 수 있게 된다. 따라서 그리스도인은 거리에서 죄인들의 미래에 관해 예언해야 하고(시 9:17), 교회와 신학교에서 역사의 미래, 곧 예수 그리스도의 재림에 관해 가르쳐야 한다(계 1:7; 22:20). 이 일에 소홀히 하면 그 사람은 성경대로 믿는 그리스도인이라고 불릴 수 없다. 왜냐하면 성경은 우리에게 다음과 같이 명령하고 있기 때문이다. 『**너는 말씀을 전파하라. 때를 얻든지 못 얻든지 항상 대비하라. 모든 오래 참음과 교리로 견책하고 책망하며 권고하라**』(딤후 4:2).

■ 새롭게 깨달았거나 적용할 내용이 있다면 적어 보세요. ■

제4과
복습문제

1. 요한계시록 7장과 10장은 ( )장이다.

2. 요한계시록 10장의 "힘센 천사"는 환란 중간에 출현하실 주 예수 그리스도이시다. (O , X)

3. 하늘에서 들려온 "일곱 천둥"은 ( )의 음성이다.

4. 하나님의 말씀은 ( )처럼 달지만, 말씀을 실제로 적용할 때는 쓰다.

5. "작은 책"을 먹은 요한에게 『네가 많은 백성들과 민족들과 언어들과 왕들 앞에서 다시 ( )해야 하리라.』라는 말씀이 주어진다(계 10:11).

6. 성경을 깨달았다면 그것을 다른 누군가에게 말하고 가르쳐야 한다(딤후 2:2). 왜냐하면 성경은 우리에게 다음과 같이 명령하고 있기 때문이다.『너는 말씀을 ( )하라. 때를 얻든지 못 얻든지 항상 대비하라. 모든 오래 참음과 교리로 견책하고 책망하며 권고하라』(딤후 4:2).

■ 복습 문제의 정답은 홈페이지(www.solomonbtc.org)에서 확인할 수 있습니다.

NOTES

NOTES

NOTES

제5과
환란 시대의 두 증인 모세와 엘리야(11장)

『내가 나의 두 증인에게 권세를 주리니, 그러면 그들이 굵은 베옷을 입고 일천이백육십 일을 예언하리라."고 하더라』 (계 11:3).

요한계시록 11장은 성경을 푸는 열쇠다!

❶ **요한계시록 11장은 요한계시록 자체를 여는 열쇠이고, 요한계시록은 구약을 여는 열쇠이며, 구약은 신약을 여는 열쇠이다.**

❷ 11장은 유대인의 예루살렘 성전 재건을 보여 준다(1,2절, 성전 경배).

❸ 두 증인의 사역과 죽임당한 두 증인이 들림받는 환란 후 휴거를 보여 준다(3-12절).

❹ 짐승이라 불리는 한 사람이 최초로 등장한다. 이 자는 끝없이 깊은 구렁에서 올라오는 짐승이라고 불리는데(7절), 예수 그리스도 다음으로 성경에서 두드러진 인물이며 적그리스도라고 불린다.

❺ 이 세상의 나라들이 결국 주 예수 그리스도께 속하게 되는 것을 보여 준다(15절).

❻ 천년왕국 통치와 큰 백보좌 심판에 대한 묘사가 돋보인다(16-19절).

"일어나서 하나님의 성전을 측량하라!"(1,2절)

『또 내게 지팡이 같은 갈대를 주며, 그 천사가 서서 말하기를 "일어나서 하나님의 성전과 제단과 그 안에서 경배하는 자들을 측량하라』(1절).

1. 앞선 명령은 10장에서 언급된 "힘센 천사"께서 주시는 명령이다.

➠ 『**일어나서 하나님의 성전과 제단과 그 안에서 경배하는 자들을 측량하라.**』(1절)라고 말한 이 천사는 누구인가? 바로 앞장, 곧 10:1에 나오는 "힘센 천사"다. 『**내가 보니, 다른 힘센 천사가 하늘에서 내려오는데, 구름으로 옷입고 머리에 무지개가 있으며, 얼굴은 해와 같고 그의 발은 불기둥 같더라.**』

2. 1절의 "하나님의 성전"은 8:3-5과 11:19에 기록된 하늘의 성전이 아니다.

➠ 그것은 대환란 때 땅의 예루살렘에 세워질 유대인들의 성전이다. 왜냐하면 그것이 이방인들에게 주어져 마흔두 달 동안 짓밟힐 것이기 때문이다. 『**성전 밖에 있는 뜰은 남겨 두고 측량하지 말라. 이는 그것을 이방인들에게 주었으며 그들이 마흔 두 달 동안 그 거룩한 도성을 발 아래 짓밟을 것이기 때문이라**』(2절). 이 점은 대환란 때 성전 경배가 회복된다는 것을 보여 준다(cf. 마 24:15, 살후 2:4).

3. 요한계시록 11:1,2은 이스라엘이 적그리스도와 맺게 될 "사망과의 언약, 곧 지옥과의 합의"가(<u>사 28:15</u>) "7년 대환란 중간에" 깨져서 예루살렘이 "마흔두 달 동안," 곧 후 3년 반 동안 이방인들에게 짓밟힐 것을 보여 준다.

1) 『**그가 많은 사람들과 더불어 <u>한 주 동안</u> 언약을 확정하고, 그 주의 중간에 그가 희생제와 예물을 금지시킬 것이요, 그는 가증함을 확산시킴으로**

황폐케 하리니 진멸할 때까지 할 것이며, 정해진 것이 황폐케 한 자에게 쏟아지리라』(단 9:27).

2) 『**한 주 동안**』은 7년간 지속될 다니엘의 "칠십째 주"(대환란 기간)를 말한다.

➡ 적그리스도는 대환란 초기에 이스라엘과 한 주 동안의 평화 협정을 맺게 되지만, 대환란 중간에 접어들면서 3년 반 만에 그 언약을 파기하고 "희생제와 예물을 금지할 것이다"(단 11:31, 마 24:15).

3) 주님께서는 이스라엘이 적그리스도와 맺은 언약이 파기될 것을 이사야 28:18에서 예언하셨다. 『**사망과 더불어 맺은 너희의 언약이 무효화되며 지옥과 한 너희의 합의가 서지 못하리니 넘치는 재앙이 지나가면 너희가 그것에 짓밟힘을 당하리라.**』 따라서 적그리스도와 언약을 맺은 이스라엘은 거짓을 피난처로 삼고 허위 아래 자신을 숨긴 꼴이 되고 말 것이다(사 28:15).

4) 적그리스도가 유대인과의 언약을 파기하고 희생제와 예물을 금지한다는 것은 대환란 기간에 유대인들이 성전 제사를 드리게 된다는 사실을 보여 준다(마 24:15, 살후 2:4). 그때 성전 제사를 드린다는 것은 그 전에 성전이 재건되어 있을 것이라는 사실을 보여 주지만, 이 성전은 또다시 파괴될 것이다. 『**그 통치자의 백성이 도성과 성소를 파괴하리니**』(단 9:26).

4. 『그 거룩한 도성』(2절)은 예루살렘이며, 8절에서는 "소돔과 이집트"라고 불린다.

➡ 예수님을 거부한 그 도성은 대환란 때 "음행"(소돔)과 "세상"(이집트)의

자리로 여겨질 것이다. 그럼에도 불구하고 "거룩한 도성"이라고 불리는 것은 환란 끝에 있을 이스라엘의 회복에 대한 약속 때문이다(신 30:1-10, 사 43,44,51,54,60,66장, 롬 11:25-29). 그때 예루살렘은 지금과 달리 거룩해진다. 왜냐하면 그곳에 『**만왕의 왕, 또 만주의 주**』(계 19:16)이신 예수 그리스도께서 거하실 것이기 때문이다.

『그 사면의 규격이 일만 팔천이며 그 날로부터 그 성읍의 이름이 '**주**께서 거기 계시다.'가 될 것이라』(겔 48:35).
『그 날에는 말들의 방울들 위에 '**주께 거룩함**'이 있을 것이요, **주**의 집에 있는 솥들도 제단 앞에 있는 대접들과 같게 되리라. 정녕, 예루살렘과 유다에 있는 모든 솥이 만군의 **주**께 거룩함이 될 것이요, 희생제를 드리는 자들이 모두 와서 솥들을 가져다가 거기에 삶으리라. 또 그 날에는 만군의 **주**의 집에 카나안인이 더 이상 있지 아니하리라』(슥 14:20,21).

예루살렘에 나타난 두 증인, 모세와 엘리야(3-13절)

『내가 나의 두 증인에게 권세를 주리니, 그러면 그들이 굵은 베옷을 입고 일천이백육십 일을 예언하리라."고 하더라』(3절).

1. <u>두 증인 모세와 엘리야는 "굵은 베옷"을 입고 "일천이백육십 일" 동안 예언한다</u>(3절).

1) 『**나의 두 증인**』, 곧 모세와 엘리야는 다시 오실 주 예수 그리스도의 증인들로서 사역할 것이다.

2) 『**굵은 베옷**』을 입은 두 증인의 예언은 유대인의 왕이신 주 예수 그리스도의 다시 오심을(행 1:10,11) 대비한 "회개"와 관련이 있다(말 4:4-6). cf. 굵은 베옷은 슬픔과 회개의 상징이다(대상 21:16, 느 9:1).

3) 『**일천이백육십 일**』은 두 증인이 사역하는 기간으로서 적그리스도가 유대인들과의 언약을 깨고 유대인들을 박해하기 시작하는 대환란 중간부터 끝까지, 곧 "후 3년 반"에 해당한다. 이방인들이 "마흔두 달" 동안 거룩한 도성 예루살렘을 짓밟을 때(2절) 두 증인이 나타나 그들을 대적해서 싸울 것이다(5,6절).

2. 4절에서 두 증인은 땅의 하나님 앞에 서 있는 "두 올리브 나무"와 "두 촛대"로 불린다.

▲ 두 증인의 증거

➠ 스가랴 4:11-14에서는 이에 더하여 온 땅의 주 곁에 서 있는 "두 기름부음 받은 자들"이라고 불린다. 말하자면 이 두 사람은 천년왕국의 보좌에서 주님 양옆에 앉게 될 인물들이다. 그것은 세베대의 자녀들의 어머니가 예수님께 요청했던 바로 그 자리다(마 20:20,21). 주님께서는 아버지 하나님께서 예비하신 자들에게 그 자리를 주실 것이라고 말씀하셨는데(23절), 그들이 바로 모세와 엘리야인 것이다.

3. 두 증인이 모세와 엘리야임을 보여 주는 "11장 자체의 증거들"

1) 말라기 4:4-6은 주의 크고 무서운 날(재림)이 오기 전에 "선지자 엘리야"가 다시 온다고 예언하는데, 그 예언에는 "모세"의 율법도 언급되어 있다(4절). 마태복음 17장의 변형산 사건에서 주님께서 재림의 모습으로 변형되셨을 때 모세와 엘리야가 나타나 주님과 대화했다(3절). 이 두 가지 면만 봐도 주님의 재림과 관련된 두 증인은 모세와 엘리야임이 분명하다.

2) 누구든지 두 증인을 해치려고 하면 그들의 입에서 불이 나와 반드시 죽게 된다(5절). 이것은 민수기 16:34,35에 나오는 "모세의 사역"과 열왕기하 1:10,12의 "엘리야의 사역"을 상기시켜 준다.

3) 두 증인은 하늘을 닫는 권세가 있어서 예언하는 날 동안 비를 오지 못하게 한다(6절). 이것은 열왕기상 17:1과 야고보서 5:17의 "엘리야의 사역"과 연관된다.

4) 물을 피로 변하게 하는 권세도 있어서 원하는 때면 언제든지 온갖 재앙으로 땅을 친다(6절). 이것은 출애굽기 4:9과 7:19-21의 "모세의 사역"과 관련이 있다.

5) 두 증인은 『**두 선지자**』로 불리는데(10절), 신명기 34:10은 "모세"가, 열왕기상 18:36과 말라기 4:5은 "엘리야"가 선지자임을 보여 준다.

4. 끝없이 깊은 구렁에서 올라오는 짐승, 곧 적그리스도에 의해 죽게 되는 두 증인(7절)

▲ 끝없이 깊은 구렁의 왕

1) 이 짐승은 앞선 9장에서 초자연적인 메뚜기들의 왕이요, 끝없이 깊은 구렁의 천사라고 불리던 "아바돈"(아폴루온)이다.

2) 이 자가 바로 멸망의 아들이라 불리는 적그리스도인데, 예수님께서는 유다 이스카리옷을 가리켜 "멸망의 아들"이라고 부르셨다(요 17:12, cf. 살후 2:3).

3) 『**네가 본 그 짐승은 전에 있었다가**[그는 요한의 시대에 살았던 사람이었다.] **지금은 없고**[그는 요한이 요한계시록을 쓸 때는 살아 있지 않았다.], **앞으로**[미래에] **끝없이 깊은 구렁으로부터 나와서**[그는 지금 끝없이 깊은 구렁에 있다.] **멸망으로 들어갈 자라**』(계 17:8).

▲ 목 베임 당하는 두 증인

4) 두 증인 모세와 엘리야는 끝없이 깊은 구렁에서 올라오는 짐승과 전쟁을 하다가 붙잡혀 죽임을 당하게 된다(7절).

5) 두 증인의 『**죽은 몸들**』(머리가 몸통에서 분리됨)은 "사흘 반" 동안 사람들의 구경거리가 된다(9절).

▲ 두 증인의 죽음

6) 땅에 사는 자들은 그동안 자신들을 괴롭힌 두 증인이 장사되는 것을 허락하지 않고 그들의 죽음을 기뻐한다(9,10절).

➠ 두 증인은 대환란 때의 처형 방법에 따라 "목 베임"을 당한 것이다 (20:4). 죄인들은 주 예수 그리스도에 관한 증거를 무척 괴로워한다 (cf. 행 7:57,58).

5. 목이 몸에 붙어서 부활하는 두 증인(11,12절)

▲ 두 증인의 휴거

1) 두 증인은 "사흘 반" 후에 하나님께로부터 온 『**생명의 영**』(성령)이 그들에게 들어가자, 분리되었던 목이 몸통에 붙고 "이리 올라오라."라는 음성에 따라 구름을 타고 하늘로 올라가게 된다.
2) 이것은 교회 시대 끝에 있을 신약 성도들의 휴거가 아니라 대환란 끝(마 24:13,14,21)에 있을 환란 성도들의 휴거다(마 24:29,30,31). 왜냐하면 두 증인은 일천이백육십 일(3절), 곧 마흔두 달(2절) 동안 사역하다가 죽임 당한 후 부활하여 휴거되기 때문이다. 두 증인의 부활과 휴거는 "후 3년 반" 끝에 있을 환란 성도들의 부활과 휴거를 대표한다. 또한 대환란 때 구원받은 사람들은 큰 백보좌 심판에서 심판을 받게 된다.

■ 새롭게 깨달았거나 적용할 내용이 있다면 적어 보세요. ■

6. 두 증인이 휴거될 때 큰 지진이 일어나 바티칸의 십분의 일이 무너진다. 남은 자들은 무서워하며 하늘의 하나님께 영광을 돌린다(13절).

▲ 바티칸의 멸망

『또 같은 시간에 큰 지진이 일어나서 도성의 십분의 일이 무너지니 그 지진으로 죽은 사람들이 칠천 명이었더라. 남은 자들은 무서워하며 하늘의 하나님께 영광을 돌리더라』(13절).

둘째 화가 지나고 오는 셋째 화(14,15절)

『둘째 화는 지나갔으나, 보라, 셋째 화가 속히 오리라. 그 후에 일곱째 천사가 나팔을 부니, 하늘에서 큰 음성들이 있어 말하기를 "이 세상의 나라들이 우리 주와 그의 그리스도의 왕국들이 되어서 그분이 영원무궁토록 통치하시리라."고 하더라』(14,15절).

1. "셋째 화"에서는 예수 그리스도의 재림과 영원한 통치가 언급된다. 주님께서 다시 오시는 사건이 죄인들에게는 "화"인 것이다!

2. "셋째 화"는 첫째 화와 둘째 화 다음에 온다.

1) 요한계시록 "8:13"에서 세 가지 화가 선포되었고, 이 세 가지 화는 그 이

후에 세 천사가 불게 될 나머지 나팔 소리와 관련이 있었다.

요한계시록 8:13	화 있으리라	첫째 화	다섯째 나팔(9:1-11)
	화 있으리라	둘째 화	여섯째 나팔(9:12-21)
	화 있으리라	셋째 화	일곱째 나팔(11:14,15)

2) 셋째 화는 예수 그리스도의 재림과 영원한 통치를 다룬다.

(1) **『둘째 화는 지나갔으나, 보라, 셋째 화가 속히 오리라. 그 후에 일곱째 천사가 나팔을 부니, 하늘에서 큰 음성들이 있어 말하기를 "이 세상의 나라들이 우리 주와 그의 그리스도의 왕국들이 되어서 그분이 영원무궁토록 통치하시리라."고 하더라』**(14,15절).

(2) 15절은 예수 그리스도의 재림에 관한 강력한 말씀이다. 재림 때 이 세상 나라들은 주님께 심판을 받고(계 19장, 마 25장) 예수 그리스도의 왕국들이 되며 그 뒤로 영원히 주님의 통치를 받게 될 것이다.

지상 재림에서 큰 백보좌 심판까지(15-18절)

요한계시록 11:14,15에서 재림에 대한 선포 이후, 스물네 장로가 하나님께 경배하며 말씀드리는데, 그들은 천년왕국을 뒤돌아보면서 큰 백보좌 심판까지 이야기한다(16-18절). 말하자면 11장의 나머지 부분은 재림 이후에 일어날 일을 이미 일어난 사건으로서 다루고 있는 것이다.

1. 주님의 지상 재림과 천년왕국 통치(15,17절)

1) **『이 세상의 나라들이 우리 주와 그의 그리스도의 왕국들이 되어서 그분이 영원무궁토록 통치하시리라』**(15절).

(1) 재림 때 주님께서 이 세상 나라들을 접수하시고 천년왕국을 통치하실 것을 예언한다.

(2) 본문은 단순히 영적인 나라인 "하나님의 나라"를 영원히 통치한다는 뜻이 아니다. 이 "나라들"(15절)은 말 그대로 "문자적이고 실제적이며 눈에 보이는 나라들"이다.

2) **『지금도 계시고, 전에도 계셨고, 앞으로 오실, 오 전능하신 주 하나님, 우리가 주께 감사드리는 것은 주께서 주의 크신 권세를 가지고 통치하셨기 때문이니이다』**(17절).

➠ 요한계시록이 다 끝나지도 않았는데 벌써 천년왕국을 뒤돌아본다. 재림을 미래의 사건으로(**『앞으로 오실』**) 언급함과 동시에 천년왕국을 이미 지나간 시대로(**『통치하셨기 때문이니이다.』**) 묘사하고 있는 것이다.

2. 천년왕국 끝에 있을 사탄의 최후의 반역과 하나님의 심판(18절)

➠ **『민족들이 분노하나 주의 진노가 임하였고』**(18절). 이 말씀은 천년왕국 끝에 있을 최후의 반역과(20:8,9. 사탄이 마지막으로 민족들을 모아 전쟁을 일으키는 때), 하나님께서 사탄과 그 반역의 무리를 불사르실 사건을 언급하고 있다(20:9). 이 말씀 역시 미래에 있을 일이지만 과거형으로 기술되고 있다.

3. 큰 백보좌 심판(18절)

『죽은 자들의 때가 임하였으니, 이는 그들이 심판받으며, 주께서 주의 종들인 선지자들과 성도들과 주의 이름을 두려워하는 크고 작은 자들에게는 상을 주시며, 땅을 훼손한 자들을 멸망시키려 하심이니이다"라고 하더라』(18절).

➠ 이것은 큰 백보좌 심판이다. 큰 백보좌 심판 때는 죄인들에 대한 최종적인 심판(『**죽은 자들의 때**』)뿐 아니라 교회 시대 이외에 다른 시대의 성도들에게 상을 주시는 일도 있게 된다.

재림 (19:11-21)	『이 세상의 나라들이 우리 주와 그의 그리스도의 왕국들이 되어서 그분이 영원무궁토록 통치하시리라』(15절).
천년왕국 통치 (20:4-6)	『지금도 계시고, 전에도 계셨고, 앞으로 오실, 오 전능하신 주 하나님, 우리가 주께 감사드리는 것은 주께서 주의 크신 권세를 가지고 통치하셨기 때문이니이다』(17절).
천년왕국 끝에 있을 최후의 반역 (20:7-10)	『민족들이 분노하나 주의 진노가 임하였고』(18절).
큰 백보좌 심판 (20:11-15)	『죽은 자들의 때가 임하였으니, 이는 그들이 심판받으며, 주께서 주의 종들인 선지자들과 성도들과 주의 이름을 두려워하는 크고 작은 자들에게는 상을 주시며, 땅을 훼손한 자들을 멸망시키려 하심이니이다』(18절).

대환란의 끝을 설명하는 "19절"

『그러자 하늘에서 하나님의 성전이 열리며 성전 안에 있는 그의 언약궤가 보이더라. 또 거기에는 번개들과 음성들과 천둥들과 지진과 큰 우박이 있더라』(19절).

1. 대환란의 끝을 설명하는 "19절"에서 다시 언급되고 있는 "번개들, 음성들, 천둥들, 지진, 큰 우박"을 통해 알 수 있는 사실

1) 각 재앙의 "마지막"인 "일곱째 봉인"의 재앙(계 8:5)과 "일곱째 나팔"의 재앙(11:15,19)과 "일곱째 호리병"의 재앙(16:17,18) 모두에서 "음성과 천둥과 번개와 지진"이 나온다. 이 때문에 이 세 재앙은 서로 중첩되어 일어나는 것으로 여겨진다. <u>개별적이지만 순차적이지 않고 동시적이다</u>.

2) <u>요한계시록은 대환란 기간에 일어나는 사건들을 "봉인들"(4-6장), "나팔들"(7-11장), "적그리스도의 활동"(12-14장), "호리병들"(16-19장), 이 네 가지 관점으로 설명하고 있다</u>. 이 점은 예수 그리스도의 지상 사역이 사복음서에서 "왕"(마태복음), "종"(마가복음), "인자"(누가복음), "하나님의 아들"(요한복음), 네 가지 관점으로 설명되는 것과 유사하다.

■ 새롭게 깨달았거나 적용할 내용이 있다면 적어 보세요. ■

제5과
복습문제

1. 요한계시록 11장의 두 증인은 ( )와 ( )이다.

2. 요한계시록 11:1의 "하나님의 성전"은 8:3-5과 11:19에 기록된 하늘의 성전이다. (O , X)

3. 대환란 때는 ( ) 경배가 회복된다.

4. 대환란 때의 처형 방법은 ( )이다.

5. 예수 그리스도의 재림은 죄인들에게 (복 , 화)이다.

6. 큰 백보좌 심판에서는 상을 주지 않는다. (O , X)

7. 요한계시록은 대환란 때 일어나는 사건들을 봉인들(4-6장), 나팔들(7-11장), 적그리스도의 활동(12-14장), 호리병들(16-19장), 이상 ( )가지 관점으로 설명하고 있다.

■ 복습 문제의 정답은 홈페이지(www.solomonbtc.org)에서 확인할 수 있습니다.

NOTES

NOTES

NOTES

제6과

일곱 머리와 열 뿔을 가진 붉은 용 사탄(12장)

『그녀가 사내 아이를 낳았는데 이 아이는 모든 민족들을 철장으로 다스릴 자라. 그녀의 아이가 하나님과 그의 보좌 앞으로 들려 올라가더라』(계 12:5).

출산하는 여인을 박해하는 용(1-5절)

1. 요한계시록 12장은 "한 특이한 여인"의 산고로 시작된다(1,2절).

『하늘에 큰 이적이 나타났으니, 한 여인이 해로 옷입었고, 달은 그녀의 발 밑에 있으며, 머리에는 열두 별이 있는 면류관을 썼는데, 아이를 밴 그 여인이 산고로 울부짖으며 출산하려 함으로 아파하더라』(1,2절).

▲ 해로 옷 입은 여인

1) 해로 옷 입고, 달을 발밑에 두고, 머리에 열두 별이 있는 면류관을 쓴 여인은 누구인가? 이 여인에 관한 해석의 열쇠는 "해와 달과 열두 별"이 등장하는 "<u>요셉의 꿈</u>"에 있다(창 37:9,10).

2) 야곱은 요셉에게 절하는 해와 달과 열한 별을 자기 가족으로 해석했는데, 즉 해와 달과 열두 별은 요셉의 부모와 형제들, 곧 야곱(이스라엘)의 가족 전체를 뜻한다. 따라서 요한계시록 12장에 등장하는 하늘의 크고 작은 광명들과 관련된 여인은 분명 "이스라엘"을 상징한다.

2. 여인이 출산하는 아이를 삼키기 위해 여인 앞에 용이 서 있지만, 태어난 사내아이는 하나님 앞으로 들려 올라간다(3-5절).

『하늘에 또 다른 이적이 나타났으니, 보라, 커다란 붉은 용 한 마리가 있는데 일곱 머리와 열 뿔이 있고 그 머리들 위에는 일곱 왕관이 있더라. 그런데 그의 꼬리로 하늘의 별 삼분의 일을 끌어다가 땅에 던지더라. 또 그 용이 그 아이가 태어나자마자 삼키려고 출산하려는 그 여인 앞에 서 있더라. 그녀가 사내 아이를 낳았는데 이 아이는 모든 민족들을 철장으로 다스릴 자라. 그녀의 아이가 하나님과 그의 보좌 앞으로 들려 올라가더라』(3-5절).

1) 용의 "일곱 머리"는 용이 이 세상을 운영하는데 사용한(눅 4:5,6) 일곱 제국을 상징한다.

➠ ① 님롯(바벨론), ② 파라오(이집트), ③ 산헤립(앗시리아), ④ 느부캇넷살(바빌론), ⑤ 다리오(페르시아), ⑥ 알렉산더(그리스), ⑦ 카이사(로마)

▲ 리비야단

2) 용이 그의 꼬리로 끌어다가 땅에 던진 별들은 무엇인가?

『그런데 그의 꼬리로 하늘의 별 삼분의 일을 끌어다가 땅에 던지더라』(4절).

➠ <u>용이 그의 꼬리로 던진 "별들"은 천사들이다(1:20)</u>. 이 점은 대환란 기간에 일부 천사들이 용의 편에 설 것이고, 땅으로 내려올 것임을 보여 준다.

3) 여인이 낳은 "사내 아이"는 누구인가?

『또 그 용이 그 아이가 태어나자마자 삼키려고 출산하려는 그 여인 앞에 서 있더라. 그녀가 사내 아이를 낳았는데 이 아이는 모든 민족들을 철장으로 다스릴 자라. 그녀의 아이가 하나님과 그의 보좌 앞으로 들려 올라가더라』(4,5절).

➠ 용이 태어나자마자 삼키려고 한 사내아이에 대해서는 세 가지 해석이 가능하다.

▲ 만왕의 왕

(1) "역사적으로" 사내아이는 주 예수 그리스도이시다.

➠ 왜냐하면 이 아이는 "모든 민족을 철장으로 다스릴 자"이고(시 2:9), "하나님과 그분의 보좌 앞으로 들려 올라갔기" 때문이다(5절, 행 1:9). 초림 당시 예수 그리스도께서는 부활 승천하시어 "하나님과 그분의 보좌 앞으로 들려 올라가" 현재 하나님의 오른편에 앉아 계신다(히 1:3).

(2) "예언적으로" 사내아이는 유대인 남자 동정들인 144,000명일 가능성도 있다(7:4-8; 14:1,4).

➠ **『그녀가 진통하기 전에 낳았으며 그녀에게 고통이 있기 전에 그녀가 사내 아이를 낳았으니, 누가 그러한 일을 들었으리요? 누가 그러한 일들을 보았으리요? 땅이 하루에 생겨날 수 있으며, 한 민족이 순식간에 태어나겠느냐? 그러나 시온은 진통하**

자마자 그 자녀들을 낳았도다』(사 66:7,8). 이 구절의 사내아이는 이스라엘이 민족적으로 회심하기 전에 태어난 144,000명의 유대인 환란 성도들에 대한 언급이다.

(3) “예언적으로” 사내아이는 대환란 때 유대인 남은 자들을 이끌 지도자에 관한 언급일 수도 있다.

➡ **『우리 콧구멍의 호흡인 주의 기름부음 받은 이가 그들의 구덩이들에 빠졌도다. 우리가 그에 관하여 말하기를 “그의 그늘 아래서 우리가 이방 가운데 살리라.” 하였도다**』(애 4:20). 이 구절은 대환란 기간에 유대인들이 “주의 기름부음 받은 이”라 불리고 적그리스도와 그의 군대의 구덩이들에 빠지는 한 사람을 신뢰할 것이라고 말씀한다. 이 사람은 “사내아이”인데, 어린 나이에 하나님의 종으로 부름을 받은 예레미야 같은 인물이다. **『그때 내가 말씀드리기를 “아, 주 하나님이여! 보소서, 나는 아이라서 말할 수 없나이다.” 하였으나 주께서 내게 말씀하시기를 “‘나는 아이라.’고 말하지 말라. 이는 너는 내가 너를 보내는 모든 자에게 갈 것이며, 내가 네게 무엇을 명령하든지 네가 말할 것임이라. 그들의 얼굴을 무서워 말라. 내가 너와 함께 있어 너를 구해 내리라. 주가 말하노라.” 하시니라**』(렘 1:6-8).

■ 새롭게 깨달았거나 적용할 내용이 있다면 적어 보세요. ■

용을 피해 광야로 도망가는 여인(6절, cf. 13,14절)

■ 『그 여인은 광야로 도망하였는데 그곳에는 그들이 그녀를 일천이백육십 일 동안 부양하도록 하나님께서 그녀를 위하여 마련해 놓으신 곳이 있더라』(6절).

■ 『그 용이 자기가 땅으로 쫓겨난 것을 알고서 사내 아이를 출산한 그 여인을 박해하더라. 그때 그 여인이 큰 독수리의 두 날개를 받았는데, 이는 그녀가 광야에 있는 자기 처소로 날아가서 그곳에서 그 뱀의 낯을 피하여 한 때와 두 때와 반 때를 부양받으려 함이더라』(13,14절).

1) 대환란 때는 유대인들에게 극심한 박해가 있을 것이며 많은 사람이 죽임을 당하겠지만, 일부는 광야로 피난할 것이다.

2) 요한계시록 12:14에서는 여인이 광야에 있는 자기 처소로 "날아간다"고 말씀한다.

▲ 페트라

3) 이스라엘은 이집트 땅에서 나왔던 날들처럼 다시 광야로 돌아갈 것이라고 호세아 2:14-19에 예언되어 있는데, 과거 이집트 땅에서 나왔을 때는 독수리의 날개를 타고 광야로 갔다고 비유로 언급되지만(신 32:11), 대환란 기간에는 독수리의 날개를

받아서 광야로 실제로 날아가게 될 것이다.

(1) 이것은 유대인들이 비행기를 타고 피난하게 될 것을 의미한다. 마태복음 24:20에서는 그들의 피난(flight)하는 일이 안식일에 일어나지 않도록 기도하라 하셨는데, 이는 이스라엘에서 "안식일"에는 "비행기"(flight, 항공편)가 뜨지 않기 때문이다.

(2) 그들이 피난하게 될 광야는 "셀라"(히브리어)라고도 불리는 "페트라"(헬라어)이다. 페트라는 에돔 지역에 있는 장소이며, 그곳에서 1,260일(42개월), 즉 대환란 기간의 "후 3년 반"("한 때와 두 때와 반 때") 동안 초자연적으로 부양을 받게 된다. 즉 출애굽 때처럼 만나로 부양받을 것이다.

▲ 피난하는 이스라엘

▲ 페트라에 피난한 유대인들

『주의 백성을 주의 지팡이로 먹이소서. 갈멜의 한가운데 삼림 속에서 외로이 거하는 주의 유업의 양떼를 먹이소서. 옛날처럼 바산과 길르앗에서 그들을 먹이소서. 이집트 땅에서 네가 나오던 날들과 같이 내가 그에게 놀라운 일들을 보여 주리라』(미 7:14,15).

2. 유대인들이 드리는 기도

▲ 광야의 만나

1) 광야로 피신한 유대인들은 빵을 구할 때, 목숨을 걸고 구해야 한다.

(1) 『**우리의 박해자들이 하늘의 독수리들보다 빠르며 그들이 산 위로 우리를 추격해 오며 광야에서도 우리를 숨어 기다리는도다**』(애 4:19). 유대인들은 그들이 부양받게 될 광야에서 비행기들에 의해 폭격당할 것이다. 즉 생명이 위협받는 것이다.

(2) 『**우리는 광야의 칼 때문에 우리 생명의 위협을 무릅쓰고 우리의 빵을 얻었나이다**』(애 5:9). 유대인들이 빵을 얻으려고 나갈 때마다 죽음의 위협이 있다.

2) 이런 절박한 상황 속에서 유대인들은 그들의 하나님께 다음과 같은 기도를 드릴 것이다. 이것은 대환란 끝에 드리는 유대인 환란 성도들의 기도이다.

『어찌하여 주께서는 우리를 영원히 잊으시오며 그처럼 오랫동안 우리를 버리시나이까? 오 **주**여, 주께서는 우리를 주께로 돌이키소서. 그러면 우리가 돌이켜지리이다. 우리의 날들을 옛날같이 새롭게 하소서. 그러나 주께서는 우리를 완전히 거절하셨으며 주께서는 우리에게 심히 진노하셨나이다』(애 5:20-22).

미카엘에게 패하여 땅으로 쫓겨나는 용(7-9절)

『또 하늘에 전쟁이 있으니 미카엘과 그의 천사들이 용을 대항하여 싸우고 용과 그의 천사들도 싸우나 그들이 이기지 못하여 하늘에서 더 이상 있을 곳을 찾지 못하더라. 그리하여 그 큰 용이 쫓겨나니 그는 마귀라고도 하고 사탄이라고도 하는 옛 뱀, 곧 온 세상을 미혹하던 자라. 그가 땅으로 쫓겨나고 그의 천사들도 그와 함께 쫓겨나더라』(7-9절).

1. 하늘에서 일어나는 전쟁

➠ "미카엘과 그의 천사들"이 "용과 그의 천사들"을 대항하여 싸울 때, 마귀와 그의 천사들은 패하여 하늘에서 땅으로 쫓겨나게 된다.

1) "용과 그의 천사들"이 땅으로 쫓겨나게 된 결과는 무엇인가?(10-12절)

(1) 예수 그리스도의 재림이 그만큼 가까워졌다.

➠ 『또 내가 들으니, 한 큰 음성이 하늘에서 말하기를 "이제 구원과 능력과 우리 하나님의 나라와 그의 그리스도의 권세가 임하는도다. 이는 우리 형제들을 우리 하나님 앞에서 밤낮 고소하

▲ 땅으로 쫓겨나는 마귀와 그의 천사들

던 그 고소자가 쫓겨났기 때문이니라』(10절).

(2) 유대인 환란 성도들에 대한 용의 박해가 극에 달할 것이다. 여기서 환란 성도들의 진가가 드러난다.

➠ 『**그들이 어린양의 피와 자기들이 증거한 말로 그를 이겼으니, 그들은 죽기까지 자기들의 생명을 사랑하지 아니하였도다**』(11절).

(3) 용이 거하던 하늘들에는 즐거움이 있게 되고, 그가 내려간 땅과 바다에는 화가 있게 된다.

➠ 『**그러므로 너희 하늘들과 그 안에 거하는 너희는 즐거워하라. 땅과 바다에 사는 자들에게는 화 있으리라! 이는 마귀가 자기 때가 얼마 남지 않았음을 알고 크게 분노하며 너희에게로 내려갔음이라." 고 하더라**』(12절).

2. 이스라엘을 위한 위대한 통치자 미카엘의 승리

■ 『그러나 내가 진리의 성경에 기록된 것을 네게 보여 주리라. 이러한 일들에 나를 지지해 줄 자는 너희 통치자 미카엘 외에는 아무도 없느니라』(단 10:21).

■ 『그때에 미카엘이 일어서리니, 이는 네 백성의 자손을 위하여 일어서는 위대한 통치자라. 또 고난의 때[대환란, 야곱의 고난의 때, 렘 30:7]가 있으리니, 그것은 민족이 생긴 이래로 그 때까지 결코 없었던 것이라. 그 때에 네 백성이 구제될 것이니, 곧 그 책에 기록되어 발견될 모든 자들이라』(단 12:1).

1) 하늘에서 용과 싸워 이기는 "미카엘"은 누구인가?

(1) 미카엘은 이스라엘을 대표하는 영적 존재로서 이스라엘을 위한 위

대한 통치자다.

(2) 미카엘이 일어선다는 것은 이스라엘을 구원할 때가 되었음을 의미한다.

▲ 이스라엘의 위대한 통치자 미카엘

2) 교회의 휴거 때 "천사장의 음성"이 들리는 것은(살전 4:16), 대환란 때 이스라엘을 위해 싸우게 될 미카엘의 활약을 암시한다. 하나님께서는 대환란 때 미카엘을 들어 쓰셔서 이스라엘을 위해 싸우게 하실 것이다. 미카엘을 따르는 천사들과 용을 따르는 천사들로 나뉘어 양 진영이 싸울 것이지만, 미카엘이 승리할 것이고 마귀는 하늘에서 그의 무리를 이끌고 땅으로 떨어지게 된다.

홍수를 일으켜 여인을 박해하는 용(15-17절)

『그 뱀이 여인 뒤에다 자기 입에서 물을 홍수같이 쏟아 그 여인을 홍수에 떠내려가게 하려 하되 그 땅이 그 여인을 홍수에 떠내려가게 하려 하되 그 땅이 그 여인을 도와 그 입을 벌려 용이 그 입에서 쏟은 홍수를 삼켜 버리더라. 그러자 그 용이 여인에게 분노하여 여인의 씨 가운데 남은 자들, 즉 하나님의 계명들을 지키며 예수 그리스도의 증거를 가진 자들과 싸우려고 나가더라』(15-17절).

1. 용이 이스라엘에게 일으키는 홍수와 하나님의 기적적인 간섭

▲ 용과 싸우는 미카엘

1) 땅으로 쫓겨난 용은 광야로 피신하는 이스라엘을 향해 입에서 물을 뱉어 홍수를 일으킨다(15,16절). 이것은 팔레스타인 땅에 일어날 실제적인 홍수인데, 그 무렵 땅이 그 입을 벌려 홍수를 삼켜 버릴 것이다(16절, cf. 단 9:26, 욥 40:15,23).

2) 출애굽 때 이스라엘이 홍해에 수장되지 않았던 것처럼(출 15,16장), 대환란 때도 이스라엘이 홍수에 수장되지 않도록 하나님께서 기적적으로 간섭하실 것이다.

출애굽 때 - 물이 갈라졌음 vs. 대환란 때 - 땅이 갈라질 것임

3) "용"은 홍수로 수장시키려는 계략이 실패하자, 『**여인에게 분노하여 여인의 씨 가운데 남은 자들, 즉 하나님의 계명들을 지키며 예수 그리스도의 증거를 가진 자들과 싸우려고**』 나갈 것이다(17절).

2. 대환란 때의 구원 방법(17절)

1) 본문 17절은 대환란 때의 구원 방법을 보여 준다. 이스라엘의 남은 자들은 ① **하나님의 계명들을 지키고**, ② **예수 그리스도의 증거를 가졌다**. 말하자면 우선 예수 그리스도를 믿고, 그 후로는 율법을 대환란 끝까지

지켜야 하는 것이다(마 24:13,21). 이것은 대환란 때의 구원 방법인 "믿음과 행위 체계"를 보여 주는데 이와 연관된 구절로는 요한계시록 14:12과 15:3이 있다.

2) "믿음과 행위의 결합"으로 구원받는다는 것은 대환란 때 구약의 율법이 다시 효력을 발휘한다는 사실을 보여 준다. 한편 "구약 시대"의 구원 방법을 "구약성경"의 전도서 12:13에서 잘 정리해 주고 있다. 『**전체 일의 결론을 들을지니, 하나님을 두려워하고**[믿음], **그의 계명들을 지키라**[행위]. **이것이 사람의 모든 의무니**』(전 12:13). 믿음과 행위의 결합은 환란 서신 가운데 하나인 야고보서에서도 강조하고 있다. 『**이제 너희가 알거니와 사람이 행함으로써 의롭게 되는 것이요, 믿음으로만 되는 것이 아니니라... 영이 없는 몸이 죽은 것같이 행함이 없는 믿음도 죽은 것이니라**』(약 2:24,26).

3) 신약 교회 시대에는 오직 믿음으로 구원받으며, 한번 받은 구원은 절대로 잃어버리지 않는다. 그 이유는 다음과 같다.
   (1) 우리는 영적으로 할례를 받았다(골 2:11).
   (2) 우리는 영이 거듭났다(요 3:5,6, 엡 2:1).
   (3) 우리는 성령께서 영원히 내주하신다(요 14:16).
   (4) 우리는 성령으로 "구속의 날"까지(휴거 때 있을 몸의 구속, 롬 8:23) 인침을 받았다(엡 4:30).
   (5) 영원히 내주하시는 성령께서 구원의 보증이 되신다(고후 1:22; 5:5).
   (6) 우리는 성령으로 침례를 받아 예수 그리스도의 몸 안으로 들어갔다(엡 4:5, 고전 12:13).
   (7) 그래서 우리는 예수 그리스도의 몸의 개별적인 지체들이 되었다(고

전 12:27).

(8) 이런 우리를 하나님의 사랑에서 떼어놓을 자가 아무도 없다(롬 8:39).

3. 용이 누구에게 분노하는가에 주목하라!

『그러자 그 용이 여인에게 분노하여 여인의 씨 가운데 남은 자들, 즉 하나님의 계명들을 지키며 예수 그리스도의 증거를 가진 자들과 싸우려고 나가더라』(17절).

➠ 본문 17절은 이스라엘에 대한 사탄의 특별하고 맹렬한 증오를 보여 준다. 이 점은 지난 인류의 역사 속에서 명백히 드러났다. 사탄의 증오 대상이 이스라엘인 이유는 다음과 같다.

1) 구세주께서 이스라엘에서 나오셨다(미 5:2, 요 4:22).

2) 성경 각 권이 이스라엘 사람들에 의해 기록되었다(롬 3:1,2).

3) 예수 그리스도께서 재림하시면 이스라엘이 이 세상의 우두머리 국가가 될 것이라는 약속이 성경에 주어져 있다. "이 세상의 신"(고후 4:4)인 사탄의 입장에서는 도저히 견디지 못할 일인 것이다(눅 4:5,6).

4) 이스라엘은 그들의 메시아를 거부하고 십자가에 못 박은 죄로 인해 현재 하나님의 허락하신 뜻 안에서 사탄의 권세 아래 놓여 있다. 그러나 이스라엘은 그 불타는 박해의 역사에도 불구하고 "광야의 불타는 가시덤불"처럼 소멸되지 않고(출 3:2) 살아남아 회복될 것이다. 『**주의 천사**

가 가시덤불 가운데서 나온 불꽃 속에서 그[모세]에게 나타나시니라. 그가 보니, 보라, 가시덤불이 불로 타나 가시덤불은 소멸되지 않더라』(출 3:2). 다시 말해 이스라엘은 "야곱의 고난의 때"(렘 30:7)로 불리는 대환란을 겪은 후 민족적으로 회복될 것이다.

■ 새롭게 깨달았거나 적용할 내용이 있다면 적어 보세요. ■

제6과
복습문제

1. 요한계시록 12장에서 용이 박해하는 여인은 (   )이다.

2. 여인의 정체를 알 수 있게 해 주는 것은 창세기 37장의 (   )의 꿈이다.

3. 위의 여인이 박해를 피해 도망가는 곳은 (   )이다.

4. 위의 여인에게서 태어나자마자 용이 삼키려 하는 "사내아이"는 역사적으로 볼 때 (   )이다.

5. 용과 싸워 이기는 천사는 (   )이며, 그는 (   )의 통치자이다.

6. 용이 홍수로 여인을 수장시키려 할 때 (   )이 그 입을 벌려 물을 삼켜 버릴 것이다.

■ 복습 문제의 정답은 홈페이지(www.solomonbtc.org)에서 확인할 수 있습니다.

NOTES

NOTES

NOTES

< 추 천 도 서 >

요한계시록

피터 S. 럭크만 지음 / 592쪽
30,000원(eBook 21,000원))

방대한 성경 지식과 연결되어 있는 본서의 "유기적인 특성"은 이 책 한 권으로 신학적 기틀을 쌓는 것을 가능케 한다.

세대적 진리

클리렌스 라킨 지음 / 322쪽 / 32,000원

1920년에 출간된 이 책은 세대주의 연구의 기초가 되는 책으로 클리렌스 라킨의 역작이며, 성경을 연구하는 모든 그리스도인들의 필독서이다.

휴거와 재림

이송오 목사 지음 / 64쪽 / 2,000원

전·후·무천년주의 중 성경적인 종말론은 무엇인가? 교회는 환란을 통과하는가 아니면 환란 전에 들림받는 것인가? 이 책은 성경적인 답변과 종말론의 체계를 잡아 준다.

휴거 이후에 있을 일들

피터 S. 럭크만 지음 / 190쪽
10,000원(eBook 7,000원)

본서는 구원과 심판이라는 큰 주제를 다루고 있다. 특히 휴거와 재림 때 닥칠 일들에 대해서 사실적인 묘사로 설명한다.

솔로몬 성경공부 시리즈

요한계시록

제2권 일곱 봉인과 일곱 나팔(5-12장)

초판1쇄 2021년 6월 5일
초판4쇄 2023년 10월 18일
지 은 이 / 편 집 부
발 행 인 / 박 승 용
발 행 처 / 말씀보존학회
출판등록 / 제409-2022-000036호
주 소 / 서울 강서우체국 사서함 제90호
전 화 / (02) 2665 - 3743
팩 스 / (02) 2665 - 3302
인 터 넷 / www.biblemaster.co.kr

값 10,000 원

<그리스도인이면 꼭 알아야 할 성경 지식>

요한계시록

제3권

짐승의 표와 일곱 호리병(13-18장)

서울솔로몬학교 성경연수원

차 례

이 책에 인용된 성경 구절은 〈한글킹제임스성경〉입니다.

제1과
두 짐승과 666의 실체(13장)

『지혜가 여기에 있으니 지각이 있는 자는 그 짐승의 숫자를 헤아려 보라. 그것은 한 사람의 숫자이니, 그의 숫자는 육백육십육이니라』(계 13:18).

환란 시대의 거래 수단인 짐승의 표

▲ 짐승의 표 : 매매를 위한 인식표

교회가 휴거되고 나면 성경에서 "짐승"이라고 불리는 존재가 세상 전면에 등장할 것이다. 그는 예수 그리스도를 흉내 내면서 요한계시록 6장의 흰말 탄 자로 등장할 것인데, "평화" 를 슬로건으로 내세우며 인류가 직면하고 있는 모든 문제의 해결사로 자처할 것이다. 그러나 그는 메시아이신 예수 그리스도가 아니며, 인류의 평화를 구축한다는 명목으로 많은 사람을 파멸시킬 또 다른 그리스도, 곧 "적그리스도"이다.

이 적그리스도의 단일 세계 정부 하에서의 거래 수단은 "짐승의 표"가 될 것이다(16,17절). 교회가 휴거된 뒤 지상에 남겨진 사람들은 그 표를 오른손이나 이마에 받아야 사거나 팔 수 있는데, 표를 받으면 지옥에서 영원히 고통받게 된다. 표를 받지 않고 짐승의 형상에 경배하기를 거부하는 사람들은 목 베임 당해 죽을 것이다. 따라서 전무후무한 대환란의 심판의 날이 이르기 전에 휴거되려면, 예수 그리스도를 자신의 죗값을 대신 치러 주신 하나님의 아들로 믿고 영접하여 구원을 받아야 한다. 지체할 시간이 없다! 지금 바로 주 예수 그리스도를 믿고 구원을 받아야 한다!

바다에서 올라오는 "짐승"(1-10절)

1. 일곱 머리와 열 뿔을 가진 짐승

1) **일곱 머리와 열 뿔을 가진**(1절) 이 "짐승"은 **일곱 머리와 열 뿔을 가진** "용"(사탄, 12:3)이 이 땅에 육신을 입고 나타난(12:9, 살후 2:3-12) 존재로서 "**적그리스도**"이다.

▲ 바다에서 올라온 혼합된 짐승

2) "짐승"은 "이중적인 정체성"을 갖고 있는데, "**왕**"(17:10,11, 단 7:17)인 "**한 사람**"(18절; 17:8)임과 동시에 "**왕국**"이다(단 7:23).

3) "용"(사탄) vs. "짐승"(적그리스도)

용(사탄, 계 12장)	짐승(적그리스도, 계 13장)
하늘에서 내려옴(3,7-9절)	바다(지중해)에서 올라옴(1절)
커다란 붉은 용(3,9절), 옛 뱀(9,14,15절)	곰의 발과 사자의 입을 가진 표범(2절)
일곱 머리와 열 뿔이 있음(3절)	일곱 머리와 열 뿔을 가졌음(1절)
일곱 머리 위에 "**일곱 왕관**"이 있음(3절) ① 바빌론 왕 님롯(창 10:8-10) ② 이집트 왕 파라오(출 5:2)	열 뿔 위에 "**열 개의 왕관**"이 있음(1절) ① 바빌론 왕 님롯(창 10:8-10) ② 이집트 왕 파라오(출 5:2)

용(사탄, 계 12장)	짐승(적그리스도, 계 13장)
③ 앗시리아 왕 산헤립(왕하 18:13) ④ 바벨론 왕 느부갓넷살(렘 51:34) ⑤ 페르시아 왕 다리오(단 5:28,31) ⑥ 그리스 왕 알렉산더(단 8:21,22) ⑦ 로마 황제 카이사(눅 2:1) ➡ 신비의 바벨론(계 17:5)인 로마카톨릭으로 바뀜	③ 앗시리아 왕 산헤립(왕하 18:13) ④ 바벨론 왕 느부갓넷살(렘 51:34) ⑤ 페르시아 왕 다리오(단 5:28,31) ⑥ 그리스 왕 알렉산더(단 8:21,22) ⑦ 로마 황제 카이사(눅 2:1) ➡ 신비의 바벨론(계 17:5)인 로마카톨릭으로 바뀜 ⑧ 영국(단 7:4, 사자) ⑨ 러시아(단 7:5, 곰) ⑩ 미국(단 7:6, 표범) ※ <u>"열 뿔"은 대환란 때 적그리스도와 함께 통치하게 될 "열 왕"을 상징하기도 한다</u>(계 17:12, 단 7:24,25).

4) "곰의 발"과 "사자의 입"을 가진 "표범과 같은 짐승"(2절)

(1) <u>복합적인 짐승</u>

① 두렵고 심히 무서우며, 힘이 매우 세고, 철로 된 큰 이빨과 열 개의 뿔과 놋으로 된 발톱을 가진 짐승이다(단 7:7,8,19-26).

② 사자(단 7:4), 곰(단 7:5), 표범(단 7:6)으로 이루어진 "<u>복합적인 짐승</u>"(<u>비히못</u>[1], 욥 40:15-24)이다. 『**또 내가 본 그 짐승**[적그리스도]**은 표범과 같고, 발은 곰의 발 같고, 입은 사자의 입 같은**

1) "비히못"은 "짐승"이나 "가축"을 의미하는 히브리어 "비히마"의 여성 복수형으로서, 여러 동물로 구성된 하나의 동물을 의미하는 단어이다. 곧 "복합적인 짐승"인 것이다.

데, 용[사탄]이 자기의 능력과 자리와 큰 권세를 그 짐승[적그리스도]에게 주더라』(2절).

(2) 성경에서 짐승들이 복합적으로 등장하는 구절들 비교

	다니엘 7:4-8	호세아 13:7,8	아모스 5:19	요한계시록 13:1-3
주의 날 (암 5:18,20)	사자	사자	사자	사자
	곰	곰	곰	곰
	표범	표범	**뱀**	표범
	무서운 짐승	-	-	**짐승**

(3) **<u>표범과 같은 짐승</u>**

① 표범은 전체적으로 몸이 "황갈색"이고, 배는 "하얀색"이며, 몸 전체에 "검은색" 점들이 박혀 있다.

② 인종적으로 "황갈색"은 "아시아인"을, "하얀색"은 "유럽인"을, "검은색"은 "아프리카인"을 나타내는데, **<u>이것은 적그리스도의 왕국이 사회적으로 각종 인종이 뒤섞여 살고 있는 "미국"과 같은 통합 국가의 형태를 띠게 될 것을 보여 준다</u>**.

(4) **곰의 발**

➠ 이것은 적그리스도의 왕국이 곰처럼 움직인다는 것을 보여 주는데, **곧 정치적으로 "러시아"와 같은 공산주의 체제가 될 것이다**.

(5) **사자의 입**

➠ **이것은 "영국"처럼 영어를 사용할 것임을 보여 주는데**, 실제로 재림 직전에 전 세계적으로 사용될 공용어는 영어이다.

5) 세상을 지배하는 짐승(2절)

➠ 마지막 때에 등장할 적그리스도의 왕국은, "용"(사탄)의 능력과 자리와 큰 권세를 받은 적그리스도를 중심으로 그 밑에 열 명의 왕이 연합해서 다스리는 "연합 국가"이다(단 2:41-43; 7:7,20-25, 계 13:1,2). **『또 네가 본 그 열 뿔은 열 왕이라. 아직 왕국을 받지는 못하였으나 그 짐승과 더불어 한 시간 동안 왕들로서의 권세를 받으리라』**(17:12).

> 이 "열 왕"이 어떤 나라의 왕들인지는 정확하지 않다. 하지만 이들과 연합한 적그리스도의 왕국이 고대 "로마 제국"과 연관되어 있다는 사실만큼은 너무도 분명하다. 왜냐하면 다니엘 2장의 열 발가락에 해당하는 "열 뿔," 곧 다니엘 7장의 "열 뿔"을 가진 짐승인 적그리스도가 올라오는 곳이 "지중해"(바다, 단 7:3)이기 때문이다. 특히 지중해는 "로마의 호수"로 불린다.

6) 치명적인 상처를 입지만 치유가 되는 짐승(3,4절)

➠ "오른쪽 눈"과 "한쪽 팔"(슥 11:17, 시 10:15, 렘 48:25, 겔 30:21, 욥 38:15)에 치명적인 상처를 입고 죽을 것이지만, 그 치명적인 상처가 나음으로써 이를 기이하게 여긴 온 세상이 그 짐승을 따르고 경배하

게 된다. 특히 그는 환란 중간에 "성전의 지성소"에 앉아 하나님으로 자처하면서 경배를 받을 것이다(살후 2:4, 마 24:15).

7) 하나님을 대적하여 모독하는 짐승(5-10절)

➡ 적그리스도는 후 3년 반인 "**42개월 동안**"(5절) 활동하면서 ① **예루살렘을 짓밟고**(계 11:2), ② **하나님을 대적하여 모독하게 될 것이다**(5,6절, 단 7:25). 또한 ③ 하나님의 성도들인 **유대인들을 박해하고**(12:13-16, 단 7:25), ④ **그들과 싸워 이길 것이며**(7절, 11:7; 12:17), ⑤ **온 세상을 지배하면서 경배를 받을 것이다**(7-10절).

땅에서 올라오는 "다른 짐승"(11-15절)

1. 두 짐승

적그리스도(1-10절)	거짓 선지자(11-15절)
바다(지중해)에서 올라옴(1절)	땅에서 올라옴(11절)
일곱 머리와 열 뿔을 가졌음(1절)	어린양처럼 두 뿔을 가졌음(11절)
용의 능력과 자리와 큰 권세를 받음(2절)	용처럼 말하고(11절) 적그리스도의 모든 권세를 행사함(12절)

2. 사탄의 "삼위일체"

➡ 아버지 하나님과 아들 하나님(예수 그리스도)과 성령 하나님께서 "삼위일체"로 한 분이신 것처럼(요일 5:7), "용"(사탄)과 "짐승"(적그리스도)과

"또 다른 짐승"(거짓 선지자)도 삼위일체를 흉내 낸다. 실제로 적그리스도는 "**사탄의 혼**"(바알)과 "**유다 이스카리옷의 영**"(발라암)과 "**교황의 물리적인 몸**"(발락)을 입고 나타날 것이다.

3. 거짓 선지자의 활동(12-17절)

▲ 두 짐승

1) 거짓 선지자는 온 세상으로 하여금 치명적인 상처를 치유받은 적그리스도에게 경배하게 한다(12절, cf. 8절).

2) 큰 이적들을 행하고 하늘에서 땅 위로 불이 내려오게 만든다(13절).

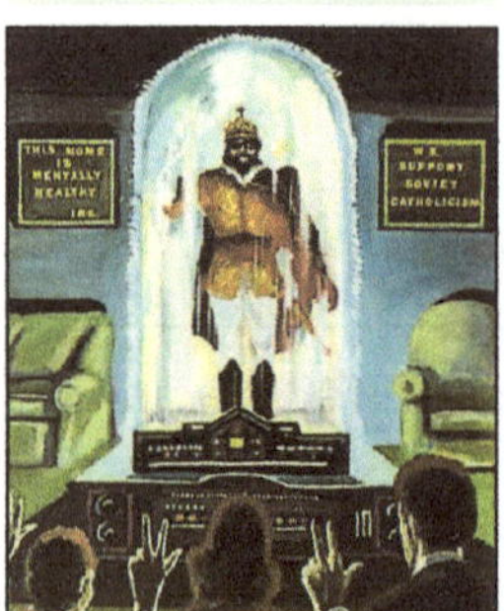
▲ 짐승의 형상

3) 기적들을 통해 사람들을 미혹하고, 칼로 상처를 입었다가 다시 살아난 적그리스도를 위하여 형상을 만들어야 한다고 하면서 "형상 숭배"를 조장한다(14,15절).

➡ 적그리스도는 형상을 사용하는 "우상 숭배자"로서, "우상 목자"(idol shepherd, 슥 11:17)로 불린다.

4) 적그리스도의 형상에 생명을 주는 권세를 받아 형상으로 말도 하게 하고, 형상 숭배를 거부하는 자들을 모두 죽게 한다(15절).

5) 모든 계층의 사람들에게 오른손이나 이마에 "표" 또는 "짐승의 이름"이

나 "그의 이름의 숫자"를 받게 하고 표를 받지 않은 사람들에게는 매매 행위를 금지시킨다(16,17절).

짐승의 표와 숫자(18절)

1. 짐승의 표

1) 짐승의 표는 "검은 점"이다.

(1) "적그리스도"는 "표범"과 같은 "짐승"인데(2절), 표범의 몸에는 "검은색 점들"이 박혀 있다. **『에디오피아인이 그의 피부를 바꿀 수 있으며 표범이 그의 점들을 바꿀 수 있겠느냐? 그렇다면 악을 행하는 데 익숙한 너희도 선을 행할 수 있으리라』**(렘 13:23).

▲ 짐승의 표를 받고 짐승의 형상에 경배함

(2) 표범의 "검은 점들"은 반달 모양을 두 개 합쳐 놓은 것과 유사한데, 마치 두 개의 "커다란 검은 입술"과 흡사하다. 따라서 짐승의 표는 유다 이스카리옷이 예수님을 배반할 때 사용했던 "입맞춤"과 관련이 있다(눅 22:48, cf. 잠 27:6).

(3) 환란 기간에 검은색 "점"(spot)인 짐승의 표를 받는 사람들에게는 그에 대한 형벌로 온몸에 "반점"(spot)이 생기는데(16:2,11, 유 1:12,23), 이것은 "표범"(leopard)과 관련된 질병인 "문둥병"(leprosy)이다.

2) 짐승의 표는 "X"자와 관련이 있다.

(1) 사자와 곰과 "표범"은 그들이 닿을 수 있는 높은 곳까지 나무들 위로 올라가 그 나무껍질에 발톱으로 "X" 표시를 하는 고약한 습성을 지니고 있다. 성경에서 "나무"는 "사람"을 의미하는데(시 92:12-14; 37:35, 막 8:23,24), 적그리스도는 환란 기간에 표범처럼 "사람"의 오른손과 이마에 표시를 하려고 할 것이다.

(2) 적그리스도는 "X"자와 밀접한 연관을 갖고 있다[Felix(검은 고양이 - 라틴어), Fox(여우, 눅 13:32, 마 14:10,11, 계 11:3-7; 20:4), Hoax(속임수, cf. 살후 2:9,10), Lux(빛의 전달자, 사 14:12), Pax(평화 - 라틴어, Pax Romana, cf. 눅 2:1-4), Pox(역병, cf. 계 16:2), Rex(왕 - 라틴어, 계 16:12), Sex(음행, 계 2:20,21), Six(6, 계 13:18), Tax(세금, 단 11:20, 눅 2:1-5), XXXX(사랑과 키스) 등 - 피터 럭크만 목사의 〈짐승의 표〉 pp. 84-88 참조].

> "짐승의 표"는 신비의 바빌론(17:5)인 로마카톨릭과 밀접한 관련을 갖고 있는데, 이는 "catholic"(카톨릭)이 "cat-holic"으로서 "고양이"(cat)에게 "전적으로 드려진"(holic) 집단을 의미하기 때문이다. 실제로 표범은 "고양잇과(科)"에 속하고, 카톨릭 신부들과 수녀들은 "검은색 옷"을 입고 다니며, 카톨릭교도들은 마리아 상의 발등에 "입을 맞추고" 경배한다.

2. 짐승의 숫자 - 666

1) "6"이 세 개 모인 "666"은 "한 사람의 숫자"로서 짐승의 숫자이다. 『**지혜가 여기에 있으니 지각이 있는 자는 그 짐승의 숫자를 헤아려 보라. 그것은 한 사람의 숫자이니, 그의 숫자는 육백육십육이니라**』(18절).

2) 성경에서 "666"이라는 숫자는 "솔로몬"(통치의 후반부는 적그리스도의 예표가 됨)에게 일 년 동안 들어온 금의 무게(대하 9:13)와 "아도니감"(이름의 뜻이 "반역자들의 우두머리"임)의 자손들의 수(스 2:13)에서도 등장한다.

3) 역사적으로 하나님을 대적한 인물들과 적그리스도를 닮은 인물들 가운데 많은 사람이 "666"이란 숫자와 연관되어 있다.

➡ 히브리어와 헬라어 단어들은 각각 고유의 "값"을 갖고 있는데, 일례로 "카이사"는 헬라어로 그 값이 "666"이다. "네로 황제"와 "쿠스의 아들 님롯"도 그 값이 "666"이고, "사탄"은 칼데아어로 그 값이 "666"이다. "무솔리니"는 헬라어, 히브리어, 라틴어로 모두 그 값이 "666"이다).

4) **이 모든 증거를 모아 보면, "666"이 어떤 것을 나타내든지 이 숫자는 분명하게 "로마"를 가리킨다.** 로마카톨릭의 교황은 스스로를 "VICARIVS FILII DEI"(라틴어, 하나님의 대리자)로 자처하고 있는데, 이 글자는 그 값이 정확하게 "666"이다.

3. 환란 시대의 거래 수단인 짐승의 표와 숫자와 이름

1) **환란 시대에는 모든 상거래가 "666"으로 이루어진다.**

1974년에 세계 최초로 도입된 "바코드"가 기본적으로 "666 시스템"을 사용하고 있다는 것과 인간의 몸에 삽입해서 GPS를 통해 추적하거나 은행 및 상거래 등에 활용할 수 있는 "베리칩"(VeriChip) 또는 최근 스웨덴에서 사람들의 피부에 이식하여 신분증을 대신할 수 있도

록 만든 "**마이크로칩**" 등을 짐승의 표라고 주장하거나 오해하는 사람들이 있다. 특히 "베리칩"은 "Verification"(확인, 증명)과 "Chip"(반도체 조각)을 합쳐 놓은 말로서 인간의 몸속에 넣는 "무선식별장치"를 가리킨다. 쌀알 세 배 정도 크기의 작은 베리칩 안에는 메모리, 안테나, 축전지가 들어 있는데, 축전지는 체온에 의해 충전되기 때문에 외부에서 전원을 공급받지 않아도 되고, 메모리에는 16자리 고유 번호와 128개의 핵심 유전자 코드가 들어 있다고 한다. 1990년대 후반에 미국에서 잃어버린 애완동물을 찾기 위해 동물의 피부 속에 칩을 넣기 시작했다가 2001년에는 환자를 치료하기 위한 목적으로 만들어 사람에게 이식하기도 했다.

그러나 교회가 휴거되지 않았고 대환란이 시작되지도 않은 시점에서 그러한 것들은 짐승의 표가 될 수 없다. 설령 그것을 몸에 받았다고 해도 구원을 받은 그리스도인이 구원을 잃어버려 지옥에 가지는 않는다. 다만 이러한 것들은 향후 과학 기술의 발전으로 좀 더 향상된 형태로 등장할 것이고, 환란 시대에 등장하는 적그리스도는 그러한 도구들을 "짐승의 표"와 관련하여 적극적으로 도입하고 활용할 것이다.

▲ 짐승의 표 : 매매를 위한 인식표

2) 환란 시대에 먹고살기 위해서 "짐승의 표"를 받고 "짐승의 형상"에 경배하는 자들은(9절) 하나님의 진노의 포도주 잔을 마시게 된다(14:10). **특히 그들이 몸에 짐승의 표를 지녔다는 것은 자신들이 적그리스도의 소유임을 인정한 것이 된다.**

3) 이에 반해 **짐승의 표를 거절함으로써 제단에서 "목베임"을 당하게 될 환란 성도들**이 있는데, 그들은

▲ 짐승의 표냐 죽음이냐

『**성도들의 인내와 믿음**』(10절)을 가진 자들로서 그렇게 순교한 결과 천년왕국에서 통치하게 된다. 『**또 내가 보좌들을 보니, 그들이 그 위에 앉았는데 심판이 그들에게 주어졌더라. 또 예수에 대한 증거와 하나님의 말씀으로 인하여 목베임을 당한 사람들의 혼들도 보았는데, 그들은 그 짐승에게나 그 형상에게 경배하지 아니하였을 뿐만 아니라 그의 표를 그들의 이마 위에나 손에도 받지 아니하였더라. 그러므로 그들은 살아서 그리스도와 함께 천 년을 통치하더라**』(20:4).

■ 새롭게 깨달았거나 적용할 내용이 있다면 적어 보세요. ■

제1과
복습문제

1. 요한계시록 13장에서 "용"인 사탄의 화신, "적그리스도"는 (　　　　)의 발과 (　　　　)의 입을 가진 (　　　　)과 같은 짐승으로 나타난다. 곧 "복합적인 짐승"인 것이다.

2. "어린양"처럼 두 뿔을 가진 채로 땅에서 올라와 "용"과 같이 말하는 짐승은 (계 13:10) (　　　　)이다.

3. 짐승의 표는 "검은 점"으로서 "입맞춤"과 관련이 있다. (O , X)

4. 오늘날 "베리칩"은 짐승의 표로서 몸에 이식을 받게 되면 교회 시대의 구원받은 그리스도인이라 할지라도 영원한 불못으로 던져진다. (O , X)

5. 『지혜가 여기에 있으니 지각이 있는 자는 그 (　　　　)의 숫자를 헤아려 보라. 그것은 한 사람의 숫자이니, 그의 숫자는 육백육십육이니라』(계 13:18).

■ 복습 문제의 정답은 홈페이지(www.solomonbtc.org)에서 확인할 수 있습니다.

NOTES

NOTES

제2과
진노의 포도즙틀(14장)

『그 포도즙틀이 도성 밖에서 짓밟히니 그 틀에서 피가 흘러 나와 말고삐까지 닿고 일천육백 스타디온까지 퍼지더라』(계 14:20).

아직은 선택할 수 있는 기회가 있다!

▪ 두 가지 길 ▪

▲ 진노의 포도즙틀

"두 가지 길" 외에 우리가 선택할 수 있는 다른 길은 없다. 장차 우리가 보내게 될 영원은 단 두 가지 판결에 달려 있으니, 곧 『**오라, 나의 아버지의 복을 받은 자들아**』(마 25:34) 아니면 『**너희 저주받은 자들아, 내게서 떠나 마귀와 그의 천사들을 위하여 준비한 영원한 불 속으로 들어가라.**』(마 25:41)인 것이다.

이 모든 시나리오의 끝에서 "모든 진리는 상대적이다."라고 하는 미신적인 이론은, 세상의 위대한 "구세주"이자, 외계에서 온 초인, 인류의 위대한 연인, 평화를 가져오는 자, 교묘하게 기적을 행하는 자, "그리스도의 대리자," 모든 종교의 통합자, 과학적 탐구의 창시자요 완성자인 "존귀하신 분" 마귀(!)가 등장함으로써 그와 함께 완전히 사라질 것이다. 『**세상의 기초가 놓인 이래로 죽임당한 어린양의 생명의 책에 그들의 이름이 기록되지 못하고 땅에 사는 모든 자는 그에게 경배할 것이라. 누구든지 귀 있는 자는 들을지어다**』(계 13:8,9). [피터 럭크만의 〈짐승의 표〉 p.116]

하늘에 있는 십사만 사천 명의 유대인(1-5절)

1. 어린양과 함께 있는 십사만 사천 명의 유대인(1-5절)

1) "십사만 사천 명"(1절)은 문자 그대로의 이스라엘 열두 지파에서 나온 실제적이고 물리적인 순수한 "**유대인들**"로서, 환란 기간에 그들의 이마에 "**하나님의 인장**"으로 표시를 받아 보호받게 되는데(계 7:1-8), 그 이마에는 "**아버지 하나님의 이름**"이 기록된다(1절).

▲ 인장을 받은 십사만 사천 명의 유대인들

2) 이들은 모두 "**동정들**"(virgins)로서 여자들과 더불어 더럽혀지지 않은 유대인들이다(4절).

(1) 이들은 교회 시대의 그리스도인들이 아닌데, 이는 그리스도인들이 복수 형태의 "처녀들"(virgins)이 아닌 단수 형태의 『**한 순결한 처녀**』(a chaste virgin, 고후 11:2)로 불리기 때문이다.

(2) 이들은 "열 명의 처녀들의 비유"(마 25:1-13)에 등장하는, "등"과 함께 기름통에 "기름"을 가진 "**현명한 처녀들**"(마 25:4)로서, 환란 기간에 끝까지 인내로 견뎌 낸 "**유대인 환란 성도들**"이다.

3) 환란 기간에 어린양이 어디로 가든지 그를 따라가는 자들로서, 구속을 받아 하나님과 어린양께 첫열매들이 되는 유대인 환란 성도들이다(4절). **환란 시대의 구원은 "예수 그리스도에 대한 믿음"과 "인내의 행위"의 결**

합으로 완성된다(계 13:10).

(1) 어린양의 피로 구속을 받고 그 구원을 인내의 행위로 끝까지 지켜야 하는데, 특히 이들에게서는 입에서 교활함을 찾아볼 수 없고 하나님의 보좌 앞에서도 흠이 전혀 없다(5절).

(2) 어린양의 피와 예수 그리스도의 증거를 지녀야 하고, 죽기까지 자기들의 생명을 사랑하지 않는 "순교의 행위"가 필요하다(계 12:11).

➡ 환란 시대의 이방인 성도들(계 7:9-17) 역시 "순교를 통해" 예수 그리스도의 피로 직접 "자기들의 옷을 씻는 행위"가 필요하다(계 7:14). 이에 반해 교회 시대에는 예수 그리스도께서 친히 그분의 피로 그리스도인들을 씻어 주신다(계 1:5).

(3) 예수 그리스도의 증거를 가지고 있을 뿐만 아니라 하나님의 계명들을 지켜야 한다(계 12:17).

(4) 인내로 예수의 믿음과 하나님의 계명들을 지켜야 한다(12절).

(5) 이로 인하여 이들에게는 "어린양의 노래"(죄인들을 위해 죽으신 어린양 예수 그리스도, 계 5:9,10)와 "모세의 노래"(모세의 율법, 신 32:1-44)를 부를 자격이 주어진다. 『**내가 보니, 불로 뒤섞인 유리 바다 같은 것이 있고 그 짐승과 그의 형상과 그의 표와 그의 이름의 숫자에 대하여 이긴 자들이 하나님의 하프들을 가지고 유리 바다 위에 섰더라. 그들이 하나님의 종 모세의 노래와 어린양의 노래를 부르며 말하기를 "전능하신 주 하나님, 주의 행하신 일이 위대하고 놀라우니, 성도들의 왕이여, 주의 길은 의롭고도 진실하나이다**』(계 15:2,3).

4) 이들은 재림 직전 신랑을 맞이하기 위해(마 25:10) 하늘로 휴거되어(환란 성도들의 휴거) 어린양과 함께 셋째 하늘의 "시온 산" 위에 서서 "새

<u>노래 같은 것</u>"을 부른다(3절, 계 15:3). 그 이후에는 어린양의 혼인식에 참여하게 된다(마 25:10, 계 19:9).

하늘에서 "세 천사들"이 전하는 메시지(6-12절)

1. 환란 시대가 끝나갈 무렵에 하늘에서 "세 천사들"이 전하는 메시지 (6-12절)

1) <u>영원한 복음</u>(6,7절)

(1) 전파되는 "<u>기간</u>" : <u>환란 시대가 끝나갈 무렵</u>

(2) 전파되는 "<u>대상</u>" : <u>환란 시대의 이방인들</u> - 『땅에 사는 자들과 모든 민족과 족속과 언어와 백성』(6절).

(3) 전파되는 "<u>내용</u>" : "<u>창조주 하나님을 두려워하고 그 하나님께 영광을 돌리고 경배를 드리라</u>"(7절).

▲ 날아가는 천사

➡ "영원한 복음"은 초림 때와 환란 시대에 유대인에게만 전파되는 "천국 복음"(마 10:5-10)이나 교회 시대에 전파되는 "하나님의 은혜의 복음"(행 20:24)과 다르다. <u>교회 시대에 "영원한 복음"을 전파하면 저주를 받아 지옥에 가게 된다(갈 1:8)</u>.

▲ 바빌론의 멸망

2) 큰 도성 바빌론의 멸망(8절)

➡ 예수 그리스도의 재림(계 19장) 직전에 큰 도성 바빌론인 로마카톨릭이 멸망한다(계 18장). 역사적으로 그 배후에서 세상 나라들을 제멋대로 움직였던 로마카톨릭이 종국에는 무너지는 것이다!

3) 끝까지 견뎌야 하는 환란 성도(9-12절)

➡ 끝까지 견디지 못하고 짐승과 그의 형상에게 경배하거나 짐승의 표를 이마나 손에 받게 되면(9절), "하나님의 진노의 포도주 잔"(렘 25:15,17,18,26,27, 시 75:8)를 마시게 되고 불과 유황으로 영원히 고통받게 된다(10,11절).

그리스도인들의 휴거 이후 "환란 시대"에는 예수 그리스도를 믿는 어떤 성도라도 끝까지 견디기 위해 하나님의 계명들을 지키면서 하나님을 두려워하고 그분께 영광을 돌려야 한다. 그가 유대인이라면 당연히 모세의 율법 아래 있게 되고, 이방인이라면 유대인들처럼 짐승의 표를 받지 말고 끝까지 견뎌야 한다. 로마 교황의 표시가 될 "짐승의 표"를 받는 사람은 반드시 저주를 받는다. 끝까지 견디는 사람들은 "양들"로 분류되어 세상의 기초가 놓인 이래로 그들을 위하여 준비된 왕국을 이어받는다(마 25:31-40). 그러나 짐승의 표를 받는 사람은 예수 그리스도께서 이 땅에 재림하실 때 불못에 던져진다(10,11절). 이것은 야고보서 1,2장, 히브리서 6,10장, 마태복음 24,25장, 마가복음 13장, 누가복음 17장, 히브리서 9장 등이 모두 환란 시대의 문맥임을 보여 주는데, 말하자면 환란 기간에는 구원을 위해 믿음에 행위의 요소가 더해지고, 모든 사람은 환란 끝까지 "짐승의 표"에 저항해야 하는 것이다. 그렇게 하지 않으면 구원받지 못하는 것은 물론, 구원받았다 하더라도 구원을 잃어버리게 된다!

환란 성도들의 죽음과 보상(13절)

환란 시대에 믿음을 지키다가 죽는 성도들은 반드시 그들의 행위에 대한 보상을 받게 된다. 다만 그리스도의 심판석은 환란 기간에 일어나기 때문에, 환란 기간에 구원받는 성도들은 분명히 교회 시대에 구원받는 성도들과 "같은 방법"으로 심판받지 않으며, 교회 시대의 성도들과 "같은 시기"에 그리고 "같은 장소"에서 심판받지 않는다. 즉 환란 성도들은 "큰 백보좌 심판"에서 심판을 받고 보상을 받는 것이다. 『**민족들이 분노하나 주의 진노가 임하였고 죽은 자들의 때가 임하였으니, 이는 그들이 심판받으며, 주께서 주의 종들인 선지자들과 성도들과 주의 이름을 두려워하는 크고 작은 자들에게는 상을 주시며, 땅을 훼손한 자들을 멸망시키려 하심이니이다**』(계 11:18). 즉 구약과(욥 19:25-27) 대환란과 천년왕국에서(계 11:18) 구원을 받은 선지자들과 성도들은 큰 백보좌 심판에서 상을 받는 것이다.

▪ 새롭게 깨달았거나 적용할 내용이 있다면 적어 보세요. ▪

두 가지 수확 : 땅의 곡식과 땅의 포도송이(14-20절)

1. 땅의 곡식을 거두어들이는 사건(14-16절) ➠ "환란 후 휴거"(환란 성도들의 휴거)

1) 구름 위에 앉아 계신 "인자와 같은 이"는 "예수 그리스도"이시다(14절, 계 10:1).

2) 지상 재림(계 19:11, 욜 2:1-11) 직전, 곧 대환란이 끝나기 전에 예수 그리스도께서 나타나셔서 "땅의 곡식"(15절)이라 불리는 "환란 성도들"을 낫을 대어 거두실(휴거시키실) 것이다.

2. 땅의 포도송이를 수확하여 "진노의 포도즙틀"에 던져 넣는 사건(17-20절) ➠ "지상 재림"

▲ 진노의 포도즙틀

1) 땅의 포도송이는 "쓸개 포도"라 불리는(신 32:32) 거대한 종교 집단(로마카톨릭)으로서, 그것의 포도주는 "용의 독" 또는 "독사들의 지독한 독"이라 불린다(신 32:33).

2) "용"(사탄)과 관련되어 있고 매주 미사 때마다 "피"를 마시는 로마카톨릭과 연합한 세력인데, 대환란 기간에 하나님께서는 짐승을 숭배하는 이 죄인들을 그분의 진노의 큰 포도즙틀 속에

던져 넣으실 것이다.

▲피에 적신 그분의 옷

3) 그들은 예수 그리스도를 대적하여 연합하지만, 사실 그렇게 함으로써 하나님의 진노의 큰 포도즙틀에 한꺼번에 던져지게 된다(습 3:8).

4) 그들을 큰 포도즙틀에서 짓밟는다는 것은 그 죄인들이 아마겟돈 전쟁에서 주님께 짓밟혀 잔인하게 살해당하게 될 것을 보여 준다(사 63:1-6, 렘 25:30, 계 19:15). 그들의 흘러나온 피는 말고삐까지 닿을 것이고, 1,600스타디온(약 260km)까지 퍼질 것이다(20절).

당신이 구원받은 그리스도인이라면 "혹시라도 짐승의 표를 받게 되지는 않을까, 끝까지 견디지 못하게 되지는 않을까" 하면서 두려워할 필요가 없다. <u>왜냐하면 환란 시대가 오기 전에 이미 휴거되어 셋째 하늘에 올라가 있을 것이기 때문이다</u>. 그때가 낮일는지, 밤일는지 모르지만, 하나님의 나팔 소리가 공중에서 울려 퍼질 때 구원받은 그리스도인은 단 한 사람도 이 땅에 남아 있지 않을 것이다. 이 땅에 등장할 적그리스도나 그의 박해 혹은 짐승의 표를 받고 안 받고 등의 문제들은 구원받은 그리스도인들과 전혀 상관이 없다.

<u>그러나 당신이 구원받지 못했다면 반드시 적그리스도를 대면하게 될 것이다</u>. 그리스도인들의 휴거 이후 이 땅에서 벌어지는 모든 끔찍한 일들에 직면할 것이고, 짐승의 표를 손이나 이마에 받게 될 것이다. 어쩌면 적그리스도를 환호하는 세상 사람들 틈바구니에 당신도 끼어 있을지 모른다. 로마카톨릭이 주도하는 종교 행사에서 환영받는 적그리스도 앞에 무릎을 꿇

고 거짓 평화를 기대할 것이다. 그리고 종국에는 그와 함께 불못으로 던져질 것이다. 이렇게 되지 않기 위해서는 짐승의 표를 받지 않으면 되지만, 만약 그의 표를 받지 않으면 물건도 매매할 수 없고, 모든 행동에 제약을 받으며, 박해를 당하고, 심지어 목 베임을 당해 죽게 될 것이다. 그러나 죽더라도 그 표를 받지 말아야 한다. 하지만 확언하건대 십중팔구 당신은 그 표를 받게 될 것이다. 그리고 그 기근과 역병과 뜨거워진 태양과 시체 썩는 냄새 속에서 당신은 하나님을 저주할 것이다. 그리고 지옥으로 던져질 것이다.

이제 당신에게는 한 가지 선택만이 있을 뿐이다. 짐승의 표를 받지 않으려면 그때가 이르기 전에 예수 그리스도를 영접해야 한다. 자신의 종교적인 신념 속에서 성경을 거부하고 또 비난하는 것을 멈추지 않는다면, 당신은 그 성경에 의해 하나님의 저주를 받게 될 것이다. 죽음처럼 확실히 다가오는 그때가 이르면 당신에게는 더 이상 아무런 선택의 기회도 남아 있지 않게 된다. 너무 늦기 전에 서둘러서 예수 그리스도를 구주로 영접하라!

■ 새롭게 깨달았거나 적용할 내용이 있다면 적어 보세요. ■

제2과
복습문제

1. 요한계시록 14:1-5에 나오는 "십사만 사천 명"은 교회 시대에 믿음으로 구원받은 그리스도인들이다. (O , X)

2. 『또 내가 보니, 다른 천사가 하늘 한가운데로 날아가는데 그가 땅에 사는 자들과 모든 민족과 족속과 언어와 백성에게 전할 ( )을 가지고 큰 음성으로 말하기를 "하나님을 두려워하며 그분께 영광을 돌리라. 이는 그분의 심판의 때가 이르렀음이라. 하늘과 땅과 바다와 물의 원천들을 지으신 그분께 경배드리라."고 하더라』(계 14:6,7).

3. 환란 시대의 구원은 오직 "인내의 행위"로만 완성된다. (O , X)

4. 『여기에 성도들의 인내가 있으며 여기에 하나님의 ( )들과 예수의 ( )을 지키는 자들이 있느니라."고 하더라』(계 14:12).

5. 구원받은 그리스도인이라고 해서 다 휴거가 되는 것은 아니다. (O , X)

■ 복습 문제의 정답은 홈페이지(www.solomonbtc.org)에서 확인할 수 있습니다.

NOTES

NOTES

NOTES

제3과

일곱 호리병을 통한 대환란의 심판(15,16장)

『또 내가 하늘에서 크고 놀라운 다른 표적을 보았는데 일곱 천사가 마지막 일곱 재앙을 가졌더라. 이로써 하나님의 진노가 그것들 안에서 끝마치리로다』(계 15:1).

요한계시록 15장을 열면서

1. 요한계시록 15장에 이르기까지 예수 그리스도의 재림이 세 번 언급되고 있다(19장에 나오는 내용까지 합하면 총 네 번임).

➡ ❶ 어린양의 진노 - 6:12-17, ❷ 일곱째 천사가 나팔을 불 때의 선포 - 11:13-16, ❸ 땅의 포도송이를 큰 포도즙틀에 넣어 밟으심 - 14:18-20, ❹ 15장 이후, 나머지 한 번은 19장에서 계시됨 - 흰 말을 타고 내려오시는 『**만왕의 왕, 또 만주의 주**』

2. 요한계시록에는 환란에 관한 내용이 네 번 설명된다.

➡ ❶ 봉인들 - 5,6,7장, ❷ 나팔들 - 8,9,10,11장, ❸ 적그리스도의 활동 - 11,12,13,14장, ❹ "호리병들" - 16장(15장은 그 이전 상황임)

마지막 일곱 재앙(계 15장)

1. 하늘에서 보이는 크고 놀라운 표적들과 함께 일곱 천사가 마지막 일곱 재앙을 갖게 되며, 하나님의 진노는 그것들 안에서 끝마쳐진다(1절).

2. 셋째 하늘 유리 바다 위에 휴거된 환란 성도들이 하나님의 하프들을 가지고 서 있다(2절).

1) 환란 끝에 휴거된 환란 성도들은 『**그 짐승과 그의 형상과 그의 표와 그의 이름의 숫자에 대하여 이긴 자들**』이다(2절).

➠ 짐승의 표는 총 세 가지, 즉 "표"와 "짐승의 이름"과 "짐승의 이름의 숫자"로 주어진다(13:17). 이것은 대환란 때의 죄인들에게 적그리스도가 제시하는 "옵션"(option)일 것이다. 어떤 표를 받느냐에 따라 짐승에게 가담하는 수위가 달라진다.

2) "요한계시록 15:2"에서 셋째 하늘 유리 바다 위에 서 있는 환란 성도들의 모습은 요한계시록 내에서 "환란 후 휴거"를 다시금 주목하게 한다. cf. 7:9-17; 14:1-5; 14:14-16

➠ 즉 본문은 유대인 환란 성도(14:1,2)와 이방인 환란 성도(7:13-15)가 셋째 하늘에 휴거되어 있는 상황인 것이다.

3) 이러한 사실은 이 마지막 재앙들이 일어날 때는 이미 환란 성도들이 지상에서 사라진 상태임을 보여 준다.

3. 환란 성도들이 하프를 들고 부르는 『모세의 노래와 어린양의 노래』(3절)는 대환란 때의 구원 방법인 믿음과 행위의 결합을 보여 준다 (cf. 12:17; 14:12).

4. 셋째 하늘로 휴거된 환란 성도들은 예수 그리스도의 재림을 노래한다.

4절에서 『모든 민족들이 주 앞에 나와 경배하리니 이는 주의 심판이 나타났기 때문이니이다.』라고 말씀하고 있는데, 이것은 환란 성도들의 휴거 이후에 지상 재림이 있다는 것을 보여 준다.

1) 예수 그리스도의 지상 재림은 스가랴 14장의 주제이고, 이사야 2:1-4의 주제이며, 미가 4:1,2의 주제이다. 민족들이 예루살렘에 경배하러 오고, 그때 유대인들이 온 땅의 머리로 세움을 받는 "구약의 주제"와 관련이 있다.

2) 환란 성도들은 재림을 언급하는 상황에서 주 하나님을 『**성도들의 왕**』(3절)이라 부르고 있다.

(1) 교회 시대에는 예수 그리스도께서 "왕"(물리적인 개념)으로 불리지 않으신다. 주님께서는 재림하실 때까지는 『**만왕의 왕, 또 만주의 주**』(19:16)가 되지 못하신다. 지금 그분을 물리적인 차원에서 그리스도인들의 왕으로 가르치는 것은 하나님의 말씀을 왜곡하는 것이다.

(2) 사도 바울 역시 예수 그리스도를 그분의 재림과 관련하여 『**만왕의 왕... 만주의 주**』(딤전 6:15)라고 불렀다.

(3) 그리스도인은 예수 그리스도께서 재림하실 때 "왕"과 "제사장"이 되며(1장), 그리스도와 함께 "공동 상속자"(엡 3:6)가 될 것이다. 재림 때 그리스도인들은 주님과 함께 이 땅에서 다스릴 것이다. 이 점은 교회 시대와 관련된 누가복음 19:11-17의 "므나의 비유"가 잘 설명하고 있다. 주님께서 왕국을 받아서 돌아오시면(12,15절) 벌어들인 므나의 액수에 따라 종들에게 통치권을 다르게 부여하신다.

5. "요한계시록 15:5-8"은 셋째 하늘의 성전에서 일곱 천사에게 마지막 일곱 재앙인 "일곱 호리병"이 주어지는 사건을 묘사한다.

➡ 하늘의 성전은 8:3-5과 11:19, 14:17에서 언급되며, 이 성전이 하나님의 영광과 그분의 권세로부터 나오는 연기로 가득 찰 것이기에 일곱 천사의 일곱 재앙이 끝나기까지는 아무도 성전에 들어갈 수 없게 된다(8절).

호리병 재앙은 나팔 재앙과 겹친다. 유일한 차이라면 호리병 재앙이 나타나는 것은 다니엘의 칠십째 주 중간이나 그 후라는 것이다. 왜냐하면 요한계시록 16:2에 따르면, 이 진노의 호리병들이 부어지기 시작할 때에 사람들은 이미 "짐승의 표"를 받은 상태이기 때문이다. 짐승이 그의 표를 주기 시작하는 것은 환란 중간이기 때문에(계 13장), 호리병들이 비로소 부어지는 것은 후 3년 반의 기간에서이다. 만일 호리병들이 나팔들과 동시에 일어나는 재앙이라면 나팔들도 후 3년 반의 기간에 일어난다.

일곱 호리병(계 16장)

1. 첫째 호리병(땅, 2절)

『**하나님의 진노의 일곱 호리병을 땅에 쏟으라**』(1절). 요한계시록 16:1-21에서 마지막 일곱 호리병의 재앙이 내려진다. 이 호리병들은 환란 끝에 "부어지는" 최후의 진노인데, 사람들이 하나님의 아들이신 주 예수 그리스도를 거부한 것에 대한 하나님의 진노로 요약된다.

➡ 짐승의 표를 가진 자들과 그의 형상에 경배한 자들 위에 "악취가 나는 심한 헌데"가 생긴다.

"악취가 나는 심한 헌데"는 사람들이 받은 "점"(짐승의 표)에 대해 다른 종류의 "점"으로 치르게 되는 그 대가

이다. 환란 때 죄인들은 자기 몸에 검은 점(짐승의 표)을 받은 것에 대한 형벌로 고름이 차오르는 "헌데," 곧 흰 점이 생기게 된다. 이것에 부합하는 병은 문둥병이다(레 13:2,4,19,24,28). 이 질병은 옷에도 감염된다(유 1:23, 레 13:47-59).

2. 둘째 호리병(바다, 3절)

➠ 바다가 죽은 자의 피같이 되어 모든 "살아 있는 혼들"이 거기서 죽는다.

바다에 있는 "모든 살아 있는 혼"이라는 표현은 동물들에게도 "혼"이 있다는 것을 증명한다. "모든 살아 있는 혼들"은 "바다에서 죽는" 동물들이나 사람들을 뜻한다.

3. 셋째 호리병(강들과 물의 원천들, 4-7절)

➠ 물들이 "피"로 변한다. 그 이유는 죄인들이 다음과 같이 피를 흘렸기 때문이다. **『그들이 성도들과 선지자들의 피를 흘렸으므로 주께서 그들에게 피를 주어 마시게 하신 것이 그들에게는 마땅하니이다』**(6절).

▲ 피 바다

1) "피"는 하나님께서 내리시는 재앙으로서 그들의 범죄에 대한 대가이다. 그들이 성도들과 선지자들의 피를 흘렸으므로, 하나님께서도 그들에게 피를 주실 것이다.

2) 이 일들이 환란 기간의 후반부에 일어나는 이유는, 성도들과 선지자들이 환란 중간에 살육당하기 시작하기 때문이다. 『**흘렸으므로**』(6절)는 "과거 시제"이다.

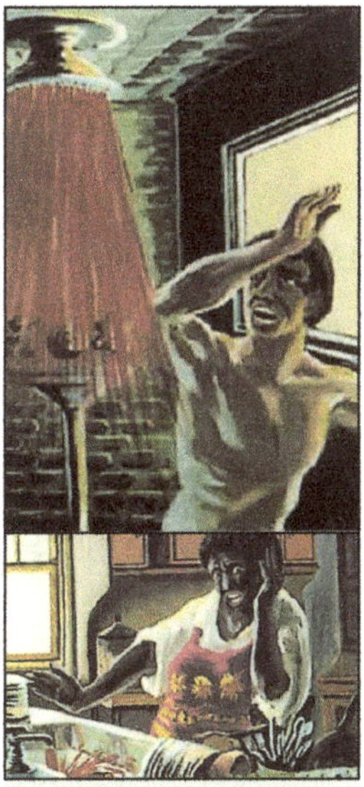

▲ 물이 피로 변하다

3) 그들에게 피를 주어 마시게 하신 것이 그들에게 마땅한 것은 매 주일 아침 피를 마신다고 고백하는 "로마카톨릭" 때문이다.

➠ 피를 마시는 행위가 "율법 이전"(창 9장)과 "율법 아래서"(레 17장), 또 "율법 이후"(행 15장)까지 금지되지만, 로마카톨릭은 그들의 발효된 술이 그리스도의 피로 변한다고 믿으면서 피를 마셔 왔고, 그들을 상징하는 요한계시록의 창녀는 피를 마시는 존재로 묘사된다(17:6). 로마카톨릭은 순교자들의 피를 흘려 왔고, 그리스도의 피를 마시지 않으면 구원받지 못한 것이라고 가르쳐 왔으니, 그토록 피를 좋아하는 그들에게 실제로 피를 마시게 하는 것은 당연한 일이다.

4. 넷째 호리병(해, 8,9절)

1) "해"에게 불로 사람들을 태우는 권세가 주어진다.

2) 천 년 동안 통치하시려고 주님께서 돌아오실 때는 해가 지금보다 일곱 배나 밝아질 것이다(사 30:26). 해가 지금보다 일곱 배 밝아지면 대기가 감당을 못하여 땅에 있는 사람들은 햇볕에 태워지게 된다. 이처럼 화상

을 입고 고통을 받을지라도 그들은 회개치 않고 오히려 하나님을 모독할 것이다(9절).

5. 다섯째 호리병(짐승의 자리, 10,11절)

➡ 짐승의 왕국이 흑암에 싸인다. 죄인들이 고통으로 인하여 자기 혀를 깨물고, 자신들의 고통과 헌데로 인하여 하늘에 계신 하나님을 모독하되 자기들의 행위는 회개하지 않는다.

1) 짐승의 자리는 짐승이 앉아 있는 곳을 말하며(2:13), 이것은 로마에 위치한 "교황의 자리"이다. 이 호리병은 "짐승의 자리"가 있는 로마와 로마제국 위에 부어진다.

2) 그들이 "고통으로 자기 혀를 깨무는" 것은, 극심한 가뭄(11:6, 42개월간의 가뭄)으로 물이 부족한 상태에서, 있는 물마저 피로 변한 상황인지라 차라리 자기 혀를 깨물어 그 피로 목을 적시는 것이 더 낫겠다 싶어 그렇게 하는 것이다. 그들은 수십 개월 동안 불타는 햇빛 아래서 문둥병을 앓으며 피밖에 마실 것이 없는 상태에 처하게 된다. 그래서 그들은 흑암에 앉아 검게 된 채 부어오른 혀들을 씹고 있다! 그런 상황에서도 그들은 마음을 돌이키는 대신 여전히 하나님의 이름을 모독한다(11절).

6. 여섯째 호리병(큰 강 유프라테스, 12-16절)

➡ 강물이 말라 버려서 동방의 왕들의 길이 예비된다. 개구리 같은 세 영이 땅과 온 세상의 왕들에게로 가서 "전능하신 하나님의 위대한 날의 전쟁"

(아마겟돈 전쟁)을 위해 그 왕들을 "아마겟돈"으로 모은다. 아마겟돈은 히브리어로 "무리들의 언덕"이라는 뜻으로서, 2억의 군대가 이 특정한 공간이나 지역에 모이게 될 것을 보여 준다(슥 12:11, 욜 3:11-16). 실제 전쟁은 "무리들의 골짜기"인 므깃도 골짜기에서 이뤄진다.

▲ 개구리 같은 세 영

▲ 아마겟돈으로 집결하는 적그리스도의 군대

1) 첫 번째 그림에서 맨 뒤에 흐릿하게 보이는 세 물체는 각각 "용"과 "짐승"(적그리스도)과 "거짓 선지자"가 입을 벌리고 있는 모습이다. 그 입에서 각각 세 마리의 개구리가 나오는데, 더러운 영들이고(13절) 기적들을 행하는 마귀들의 영들이다(14절).

2) 이들은 아마겟돈 전쟁(전능하신 하나님의 위대한 날의 전쟁, 14절)을 위해 온 땅의 왕들을 모을 것이다. 그때가 되면 유프라테스강의 물이 말라 버릴 것인데(12절), 이것은 동방의 왕들이 그들의 군대를 이끌고 아마겟돈으로 오는 길이 열린다는 것을 보여 주고 있다.

3) 그 군대는 2억의 기병대이며(9:16), 초자연적인 군대로 온다. 이들이 하늘에서 내려오시는 예수 그리스도의 초자연적인 군대에 맞서게 된다.

15절 말씀은 아마겟돈 전쟁 전에 일어나는 환란 후 휴거이다. 『보라, 내가 도둑같이 오리니 깨어 있어 자기 옷을 지켜서 벗은 채로 다니지 아니하고, 사람들에게 자기 수치를 보이지 않는 자는 복이 있도다』(15절). 환란 성도들이 지켜야 할 『자기 옷』은 "성도 자신의 의"다(cf. 19:8). 이 점은 행위가 환란 성도들의 구원을 이루는 중요한 요소임을 보여 준다.

7. 일곱째 호리병(공중, 17-21절)

➡ 하늘의 성전에서 큰 음성이 보좌로부터 나와 말하기를 "다 이루었다."라고 하자, 음성들과 천둥들과 번개들이 있었고, 또 큰 지진이 일어났는데, 사람이 이 땅에 거주한 이래로 그처럼 "강력하고 큰 지진"은 일찍이 없었다(17,18절, 사 24:19,20). 바티칸은 세 부분으로 갈라지고, 전 세계의 도시들도 붕괴된다. 모든 섬과 산들이 사라진다. 무게가 각기 한 달란트나 되는 큰 우박이 하늘로부터 사람들 위에 떨어지는데, 사람들은 이 우박의 재앙 때문에 하나님을 모독한다.

▲ 바티칸의 멸망

▲ 대지진

1) 각 우박 덩어리의 무게는 한 달란트나 된다(16:21). 대략 볼링공만 한 우박들이 하늘에서 떨어지는 것이다.

2) 이와 같은 사건이 과거 여호수아 때도 있었다. 여호수아 10:8-14에는 해와 달을 멈추게 하면서까지 "아모리인들의 다섯 왕"과 싸워 진멸시킨 사건이 기록되어 있다. 하나님께서는 하늘에서 돌덩이 같은 우박들을 떨어뜨려 아모리인들을 멸하셨는데(수 10:11), 그와 같은 돌덩이 우박들이 대환란 끝에도 떨어질 것이다. 그래서 여호수아의 카나안 땅 정복 전쟁은 재림의 예표가 된다. 이러한 우박의 재앙에도 불구하고 사람들은 하나님을 모독하며 더욱 악해질 것이다(21절).

▲ 큰 우박의 재앙

■ 새롭게 깨달았거나 적용할 내용이 있다면 적어 보세요. ■

제3과
복습문제

1. 요한계시록에서는 대환란에 관한 마지막 묘사가 일곱 (   )의 재앙으로 제시된다.

2. 요한계시록 15장에서 유리 바다 위에 서 있는 환란 성도들의 모습은 환란 후 (   )를 보여 준다.

3. 호리병 재앙이 실제로 시작되는 장은 요한계시록 (   )장이다.

4. 대환란 기간에 죄인들의 몸에 악취가 나는 심한 헌데가 생기는 것은 그들이 그들의 몸에 (   )을 받았기 때문이다.

5. "전능하신 하나님의 위대한 날의 전쟁"이라는 불리는 것은 (   ) 전쟁이다.

6. 여호수아의 카나안 땅 정복 전쟁 때 내린 (   )덩이들은 예수 그리스도의 재림을 예표한다.

■ 복습 문제의 정답은 홈페이지(www.solomonbtc.org)에서 확인할 수 있습니다.

NOTES

NOTES

제4과

주홍빛 짐승 위에 올라탄 창녀(17장)

『그녀의 이마에 한 이름이 기록되어 있는데 **"신비라, 큰 바빌론이라, 땅의 창녀들과 가증한 것들의 어미라."**고 하였더라』(계 17:5).

짐승(적그리스도) 위에 앉아 있는 "창녀"

짐승(적그리스도) 위에 앉아 있는 "창녀"는 "로마카톨릭"을 상징한다. 요한계시록 17,18장에 나와 있는 창녀에 대한 묘사는 로마카톨릭의 실상을 자세하게 보여 준다. 역사적으로 로마카톨릭은 세상 나라들을 좌지우지하며 그들과 연합해 왔다. 로마카톨릭은 교회가 아니며, 오히려 정치 집단에 가깝다. 그녀가 "일곱 산 위에 앉아 있는"(계 17:9) 모습이나 "땅의 왕들을 다스리는 큰 도성"(계 17:18)이라는 설명은 바티칸에 관한 정확한 묘사이다. 로마카톨릭은 성도들의 피에 취해 있다(계 17:6). 이것은 로마카톨릭이 수많은 그리스도인을 죽였다는 사실을 잘 보여 준다.

로마카톨릭은 "신비의 바빌론"으로도 불린다(계 17:5). 고대 바빌론 왕국은 없어졌지만, 그들의 종교 행위는 그대로 남아 있다. 특히 로마카톨릭의 마리아 숭배는 바빌론의 여신 세미라미스 숭배가 연장된 모습이다. 로마카톨릭에서는 마리아를 "하늘의 여왕"(렘 7:18; 44:17-19,25)이라고 부른다. 로마카톨릭은 온갖 우상 숭배가 난무하는 종교 집단이요, 세상 정부를 움직이고 있는 정치 집단이다. 이것이 바로 성경에서 금하고 있는 "음행"이다. 세상은 로마카톨릭과 더불어 "음행의 더러운 잔"을 마시고 있으며, 머지않아 그 대가로 "하나님의 진노의 잔"을 마시게 될 것이다.

"큰 창녀"는 "로마카톨릭"이다

1. "많은 물" 위에 앉아 있다(17:1).

➡ 큰 창녀가 앉아 있는 『**많은 물**』은 『**백성들과 무리들과 민족들과 언어들**』(17:15)로서, 이것은 "큰 창녀"가 세상 사람들 위에 군림하고 있는 모습을 보여 준다.

> 나는 "만국의 어머니"인 마리아이다. 너희가 "만국의 귀부인"이나 "만국의 어머니"로 부르는 나는 마리아이다. 나는 오늘 분명히 이 이름으로 알려지기 바란다는 것을 너희에게 말하기 위해 왔노라. 사람들의 모든 자손들, 이 세상 모든 나라들의 자손은 하나가 될지어다(네덜란드 암스테르담에서 출현했다고 하는 "마리아의 환영"이 전한 메시지).

2. 땅의 왕들과 "음행"을 하고, "음행의 포도주"로 땅에 사는 자들을 취하게 한다(17:2; 18:3).

1) 소위 "성모 교회"라 불리는 "종교 창녀"로서 세상과 연합하고 있다.

2) "**음행**"과 "**우상 숭배**"(영적인 음행)를 예배의 일부로 도입하여 교회와 혼합시킨 종교적인 여선지자 "**이세벨**"로 묘사된다(계 2:20-22). 구약에서 이세벨은 북왕국 이스라엘의 아합 왕과 결혼한 "이교도 왕의 딸"로서 "**바알 숭배자**"였다. 이와 관련하여 로마카톨릭은 "아버지"라 불리는 검은 제의를 입은 제사장들(사제들)을 중심으로 "마리아"를 "하늘의 여왕"으로

섬기고 있고, 태양신인 바알의 탄생일(12월 25일)을 예수 그리스도의 탄생일로 지키고 있다.

3. "주홍빛 짐승"(적그리스도) 위에 앉아 있다(17:3).

"이세벨"과 "큰 창녀"의 공통점
〈모든 것의 여왕, 마리아〉 p.164에서 발췌

비교 항목	이세벨	큰 창녀
여왕	열왕기상 16:31	요한계시록 18:7
통치	열왕기상 19:2; 21:7,8,15	요한계시록 17:1,3,9,18
우상 숭배를 부추김	열왕기상 21:25,26	요한계시록 2:20; 17:4
창녀로 묘사됨	열왕기하 9:22	요한계시록 2:20; 17:1,5
마술을 사용함	열왕기하 9:22	요한계시록 18:23
사악함의 근원	열왕기상 21:25	스가랴 5:7,8
유혹하는 자 (외적인 아름다움)	열왕기하 9:30	요한계시록 18:3
하나님의 종들의 피를 흘림	열왕기하 9:7	요한계시록 17:6; 19:2
하나님의 선지자들을 학살함	열왕기상 18:4	요한계시록 18:24
왕 위에 앉음	열왕기하 9:22	요한계시록 17:3
그녀의 자녀들이 죽음	열왕기하 9:24	요한계시록 2:23
그녀의 선지자들이 죽음	열왕기상 18:19; 19:1	스가랴 5:4
완전히 멸망함	열왕기하 9:33-37	요한계시록 17:16; 18:8

▲ 짐승 위에 앉은 창녀

1) 짐승은 "**일곱 머리**"와 "**열 뿔**"을 가지고 있다 (17:3,7).

(1) "**일곱 머리**"(seven heads)

① 일곱 머리는 "큰 창녀"가 앉아 있는 "**일곱 산**"(seven mountains)이다(17:9).

➠ "일곱 산" 위에 위치한 "영적 중심지가 되는 도성"은 지구상에 딱 하나뿐인데, 곧 로마의 "**바티칸시**"다. 이곳은 로마카톨릭의 영적인 중심지로서, 항상 "**일곱 산들의 도성**"으로 알려져 왔다.

- 바티칸 국가의 전체 영역은 현재 "일곱 산의 도시"로 불리는 "로마 도성" 내로 제한된다(〈카톨릭 백과사전〉).
- 일곱 머리는 일곱 산이다. 그 위에 이 여인이 앉아 있다... 로마는 일곱 산으로 된 도성이며 처음부터 그렇게 알려져 왔다(요한 필립스, 〈요한계시록 탐구〉).
- 로마는 일곱 산 위에 세워진 도성이었으며, 이교도 저술가들과 기독교 저술가들 모두에게 그렇게 알려져 왔다. 호레이스는 이렇게 기록했다. "일곱 산에서 호의를 가지고 바라보는 신들..." 오비드는 덧붙이기를 "그러나 로마는 그녀의 일곱 산에서 전 세계를 둘러본다. 이곳은 제국의 보좌이며 신들의 거처이다."라고 했다. 어거스틴은 "바빌론은 이전의 로마이며, 로마는 후일의 바빌론이다."라고 했다(J. 버논 맥기, 〈성경 주석 시리즈를 통해 본 요한계시록 14-22〉).

② 일곱 머리는 "<u>일곱 왕</u>"(seven kings)이다(17:10,11).

『일곱 왕이 있는데 다섯은 패망하였으나 하나는 남아 있고, 또 하나는 아직 오지 아니하였으나 그가 오면 잠시 동안 머물러야만 되리라. 전에는 있었으나 지금은 없는 그 짐승이 여덟 번째지만 일곱 중에 속한 자라. 그가 멸망으로 들어가리라』(17:10,11).

일곱 왕이 있는데		다섯은 패망하였으나	하나는 남아 있고	아직 오지 않은 하나는 잠시 머물	여덟 번째지만 일곱 중에 속함
①	님롯 (바벨론)	패망 ❶ (④ 바벨론과 중복)			
②	파라오 (이집트)	패망 ❷			
③	산헤립 (앗시리아)	패망 ❸			
④	느부캇넷살 (바벨론)	패망 ❶ (① 바벨론과 중복)			
⑤	다리오 (페르시아)	패망 ❹			
⑥	알렉산더 (그리스)	패망 ❺			거친 숫염소 (신비의 인물)
⑦	카이사 (로마)		카이사 (로마)		
⑧				적그리스도 (짐승의 왕국)	적그리스도 (짐승의 왕국)

(2) "열 뿔"(ten horns)은 "열 왕"(ten kings)이다(17:12).

① 예수 그리스도의 재림 직전에 이 땅에 세워질 "마지막 이방 왕국"은 적그리스도를 중심으로 "열 왕"이 통치하는 열 개의 나라가 연합한 왕국이다. 다니엘이 본 마지막 왕국의 "열 발가락"(단 2:41-43)은 짐승의 "열 뿔"(단 7:24,25)에 해당한다. 환란 기간에 열 왕은 적그리스도에게 종속되어 왕들로서의 권세를 받게 될 것이다(17:12,13).

② 열 왕은 적그리스도와 함께 "어린양," 곧 만왕의 왕이시요, 만주의 주이신 주 예수 그리스도와 맞서 싸우지만, 완전히 패배하고 멸망한다(17:14, 단 2:44).

2) 짐승은 "눈에 보이는 형태"로 나타난 마귀로서 "사탄이 육화한 존재"이다(17:8, "불법의 신비" - 살후 2:7).

(1) 『네가 본 그 짐승은 전에 있었다가』(8절).

➡ 초림 당시 이 땅에 "유다 이스카리옷"으로 등장하여 활동했었다.

(2) 『지금은 없고』(8절).

➡ 사도 요한이 요한계시록을 기록할 당시에는 그가 지상에 없었고, "자신의 거처"(행 1:25)인 "끝없이 깊은 구렁"에 가 있었다.

(3) 『그러나 있는』(8절).

➡ 장차 적그리스도로 육화할 존재인 사탄은 지금 이 세상에서 "불법의 신비"를 통해 활동하고 있다. 『불법의 신비가 이미 활동하고 있나니 현재는 막는 자가 있어 막을 것이나 그가 그 길에서 옮겨질 때까지만 그리하리라』(살후 2:7).

(4) 『앞으로 끝없이 깊은 구렁으로부터 나와서』(8절).

➡ 대환란 기간에 "적그리스도"로 다시 등장할 것이다(계 11:7;

13:2,3). "유다 이스카리옷"은 "적그리스도"와 동일한 존재로서 둘 다 "**<u>멸망의 아들</u>**"로 불린다(요 17:12, 살후 2:3).

(5) 『**멸망으로 들어갈 자라**』(8절).

➡ 예수 그리스도의 재림 때, 거짓 선지자와 함께 유황으로 불타오르는 "**<u>불못</u>**"에 산 채로 던져지게 된다(계 19:20).

전에는 이곳 지상에 있었다가 지금은 존재하지 않는 "유다 이스카리옷"(Judas Iscariot)은 마치 예수 그리스도께서 재림하시듯이 그렇게 두 번째로 지상에 다시 올라올 것이다. 이 자가 다시 올 때는 끝없이 깊은 구렁으로부터 나와서 멸망으로 들어갈 것이다. 그는 지금 끝없이 깊은 구렁에 있다(계 11:7). 그는 단순한 사람이 아닌 "끝없이 깊은 구렁의 천사"(계 9:11)이며 "마귀"(요 6:70)이다. 그의 이름은 히브리어로 "아바돈"이고 헬라어로는 "아폴루온"이며, 두 이름 모두 "멸망"을 의미한다(계 9:11). "크리옷(키리옷) 사람"으로서 "모압" 출신의(렘 48:24,25) "시리아계 유대인"으로 "함족 혈통"이다. 그는 환란 때의 적그리스도이며, 사탄이 육화한 "멸망의 아들"로서 지금은 끝없이 깊은 구렁에 있지만, 장차 그곳에서 나와 활동하다가 종국에는 멸망으로 들어갈 것이다.

4. 상징하는 색깔은 "<u>자주색과 주홍색</u>"이고, 상징하는 물건은 "<u>금잔</u>"이다(17:4; 18:16).

1) 로마카톨릭의 교황은 공식 석상에서 "흰색" 옷을 입고, 주교와 대주교는 "**<u>자주색</u>**" 옷을, 추기경은 "**<u>주홍색</u>**" 옷을, 신부는 "검은색" 옷을 입는다.

2) "**<u>금잔</u>**"은 로마카톨릭의 가증스러운 "**<u>미사와 성체성사를 위한 도구</u>**"로서,

예수 그리스도께서 단번에 이루어 놓으신 속죄 사역을 부인하는 상징물이자 우상 숭배의 도구이다.

➠ 로마에서 계속 나타난다고 하는 "마리아의 환영"은 종종 "<u>손에 금잔을 들고 있는 여왕</u>"의 모습으로 나타난다.

<u>여왕의 의복을 입은</u>(cf. 겔 16:13, 계 18:7) <u>그 여인은 짐승을 타고 손에는 우상 숭배의 가증한 것들과 사악함으로 가득 찬 금잔을 흔들고 있다.</u> 아름다움과 엄청난 사악함이 서로 대조되고 있음을 주의해야 한다... <u>포도주로 가득 찬 금잔은 우상 숭배로 전 세계에 영향을 끼친 바벨론의 영향력에 대해 선지자 예레미야가 기술한 것을 상기시켜 준다</u>(렘 51:7)... "더러움"(아카타르트타, "불결함")은 악한(더러운) 영들과 관련하여 신약에서 자주 언급되는 단어이며(마 10:1; 12:43), 우상 숭배와도(고후 6:17) 밀접하게 연관된다(프랭크 E. 게벌라인, 〈해설자의 성경 주석 12 히브리서-요한계시록〉).

5. 이마에 "<u>신비라, 큰 바벨론이라, 땅의 창녀들과 가증한 것들의 어미라</u>"라는 이름이 기록되어 있다(17:5).

1) 로마카톨릭은 고대 바벨론의 가증한 우상 숭배와 쌍벽을 이룰 만큼 바벨론 종교 체제와 매우 흡사하기에 "<u>큰 바벨론의 신비</u>"로 불린다(알렉산더 히슬롭, 〈두 개의 바벨론〉).

▲ 사탄적인 예배

> 교회는 기도로 꾸준히 마리아와 연결된다. 기도하는 교회가 그리스도의 어머니와 이렇게 연합하는 것은 처음부터 교회의 신비의 일부였다. 우리는 그녀가 이런 신비 속에서 임재하는 것을 본다. 이는 마치 그녀가 자신의 아들의 신비 속에 임재하는 것과 같다... 제2차 바티칸 공의회는 하나님의 어머니가 그리스도와 교회의 신비 속에 있다고 가르침으로써 우리로 하여금 이에 준비하게 한다(교황 요한 바오로 2세).

2) 로마카톨릭은 "**땅의 창녀들과 가증한 것들의 어미**"이다.

(1) 마귀들의 거처이고, 더러운 영들의 소굴이며, 더럽고 가증한 공중의 새들의 소굴이다(18:2, 마 13:32, 막 4:4,15).

(2) "불법의 신비"(살후 2:7)를 따라 음란하고 사탄적인 의식을 행하는 가증스러운 종교 집단이다(민 25:2, 신 32:31-34, 시 16:4).

(3) "바빌론의 화려한 외적 모습이 마침내 벗겨지고(17:4; 18:16) 골격이 드러나게 되는데, 그곳에는 오직 새처럼 생긴 마귀적인 피조물만 앉아 있다. 이사야 13:21과 34:11,14에 나오는 피조물들에 대해 유대인들은 마귀적인 존재들이라고 해석했다. 바빌론을 인도한 세력은 "마귀적인 영역"이었음이 이 마지막 계시로 인해 드러난다(〈뉴 인터내셔널 요한계시록 헬라어 주석〉).

▲ 성도들의 피에 취한 창녀

6. "성도들과 예수 그리스도의 순교자들의 피"에 취해 있다(17:6).

➠ 로마카톨릭의 교황들은 로마 제국이 100년 동안 그리스도인들을 죽인 것보다 훨씬 더 많은

수의 성도들을 단 50년 만에 살해했다. 로마카톨릭은 성경대로 믿는 그리스도인들에게 자행한 박해, 고문, 살인, 대학살, 전쟁 등에 대한 책임을 져야 한다. **하나님께서는 반드시 그 "성도들의 피"에 대한 책임을 교황들을 위시하여 로마카톨릭에 물으실 것이다.**

화려하게 꾸민 이 여인이 그처럼 끔찍하게 세상을 먹어 치우는 짐승 위에 걸터앉아 그 짐승을 조종하는 것은 경악을 금치 못할 일이다. 그러나 사도 요한은 그 사실 이상의 뭔가 때문에 아연실색한 것처럼 보인다. 즉 그 여자 자체에 대해 놀란 것이다. 『**내가 그녀를 보고 크게 의아해 하며 놀랐노라**』(계 17:6). 왜 그런가? 여인이 단순히 종교적인 형태를 띠고 있었기 때문인가? 그럴 것 같지는 않다... 이 여자가 단순히 이교도의 종교를 대표하는 것이라면 요한이 그렇게 놀랄 리가 없었다. 과연 그를 경악하게 만든 그 무엇이 여인에게 있었던 것일까? 요한은 이전부터 그녀를 알고 있었는데, 믿을 수 없는 모습으로 변한 것에 충격을 받은 것이다. 그리스도의 순결한 신부로 자처하던 여인이 어떻게 이런 뻔뻔스러운 창녀로 변했단 말인가?(데이브 헌트, 〈짐승을 탄 여인〉)

7. "큰 도성"으로서 땅의 왕들을 다스리고 있다(17:18).

1) 로마카톨릭의 본거지인 "**바티칸**"은 땅에 있는 실제 "**도성**"이자 "**국가**"이다("바티칸 시국").

▲ 바티칸 시국

2) 이 "큰 도성"은 "가증한 도성"(18:2), "술 취한 도성"(18:3), "전능하신 하

나님의 진노와 저주 아래에 있는 도성"(18:5), "잔을 갖고 있는 도성"(18:6), "교만한 도성"(18:7), "행음을 즐기는 도성"(18:9), "견고한 도성"(18:10), "부유한 도성"(18:12), "상업적인 도성"(18:19), "사형을 선고받은 도성"(18:21)이다.

3) 배후에서 "국제연합"(UN)을 움직이고 있는 "교황"은 최고의 병력을 자랑하는 어떤 국가보다도 더 큰 정치적인 권력을 행사할 수 있고, 영향력으로 보면 어떤 강대국보다도 훨씬 더 많은 영토를 확보하고 있다. 실제로 세계에서 가장 많은 대사를 각 국가에 파견하고 있고, 전 세계를 2,800개 이상의 교구로 나누어 종교적으로, 정치적으로 영향력을 행사하고 있는 것이다. 이는 그가 『**땅의 왕들을 다스리는 큰 도성**』(18절)의 수장이기 때문이다.

1825년 교황 레오 12세는 기념 메달 하나를 만들었는데, 메달의 한쪽 면에는 "자신의 모습"을, 다른 쪽 면에는 "잔을 든 여자의 모습"을 새겨 넣었다. 그리고 그 아래에는 "Sedet Super Universum"(라틴어, "온 세상이 그녀의 보좌이다.")라는 글귀를 새겨 넣었다.

8. "상업"을 통해 돈을 축적한 "부유한" 집단이다(18:2,11,12).

➡ 이 큰 도성의 체제 자체는 전적으로 다른 국가들과의 상거래와 무역으로 유지되는데, 그녀의 첫 번째 관심 품목은 "금"이고, 두 번째 품목은 "은"이며, 마지막 품목은 "사람의 혼들"이다(18:9-14). 로마카톨릭의 총 자산의 가치는 9조 원에서 18조 원으로 추정된다(아브로 맨하탄, 〈Vatican Billions〉).

제4과
복습문제

1. 요한계시록 17:1의 "큰 창녀"는 "로마 제국"이다. (O , X)

2. 큰 창녀가 타고 있는 "주홍빛 짐승"은 "바벨론 제국"이다(계 17:3). (O , X)

3. 상징하는 색깔은 "자주색과 주홍색"이고, 상징하는 물건은 ( )이다 (계 17:4; 18:16).

4. 큰 창녀는 땅의 왕들을 다스리는 큰 도성이다(계 17:18). (O , X)

5. 『그녀의 이마에 한 이름이 기록되어 있는데 "**신비라, 큰 ( )이라, 땅의 창녀들과 가증한 것들의 어미라.**"고 하였더라. 또 내가 보니, 그 여자가 성도들의 피와 예수의 순교자들의 피에 취하였더라. 그러므로 내가 그녀를 보고 크게 의아해 하며 놀랐노라』(계 17:5,6).

■ 복습 문제의 정답은 홈페이지(www.solomonbtc.org)에서 확인할 수 있습니다.

NOTES

NOTES

NOTES

제5과
신비의 바빌론의 멸망(18장)

『그가 큰 음성으로 힘있게 외쳐 말하기를 "큰 바빌론이 무너졌도다, 무너졌도다, 마귀들의 거처가 되었고 온갖 더러운 영의 소굴이요, 모든 더럽고 가증한 새의 소굴이로다』(계 18:2).

"큰 창녀"의 최종적인 "멸망"

요한계시록 17:16에는 짐승(적그리스도)의 "열 뿔"(열 왕, 계 17:12)이 "창녀"(로마카톨릭)를 증오하고 죽인다는 예언이 나온다. 즉 로마카톨릭은 대환란 끝 무렵에 적그리스도에게 배신을 당하는 것이다. 지금까지 사탄은 로마카톨릭을 통해 세상을 미혹하고 또 움직여 왔다. 로마카톨릭이라는 종교는 사람들의 종교성을 자극하여 가장 거룩하게 보이도록 해 주기 때문에 사탄이 사용하기에 매우 유용한 도구였다. 하지만 환란 시대 끝 무렵에는 사탄에게 더 이상 로마카톨릭이라는 종교가 필요 없게 된다. 이제는 사탄이 직접 예수 그리스도를 대적해서 싸울 것이기 때문이다. 바로 그때 세상을 그토록 미혹해 왔던 가증한 집단인 로마카톨릭은 철저히 버림받고 파괴될 것이다.

1. "큰 지진"으로 무너지는 큰 바빌론 도성(16:18-20)

▲ 바티칸의 멸망

➠ 하나님께서는 환란 시대 끝 무렵에 큰 도성인 로마카톨릭의 "바티칸"을 심판하실 것인데, 큰 지진으로 그 도성을 완전히 무너뜨리실 것이다. 『**또 그 큰 도성이 세 부분으로 갈라지고 민족들의 성읍들도 붕괴되며 큰 바빌**

론이 하나님 앞에 기억되었으니 이는 그녀에게 그분의 맹렬한 진노의 포도주 잔을 주기 위함이니라』(19절).

2. "잿더미"로 변하는 큰 바빌론 도성(18:8-10,17,18)

▲ 바빌론의 멸망

➡ "바티칸"이 멸망한다. 로마카톨릭은 "종교적 창녀"로 묘사되지만, 또한 "거대한 부자"로도 묘사된다. 그래서 "신비의 바빌론"의 멸망은 그녀와 장사하던 모든 상인의 슬픔이 된다. 그들은 그녀와 더불어 음행하고 그녀의 사치의 풍요함을 통해 부유하게 된 나라들이다(계 18:3). 역사적으로 볼 때 로마카톨릭은 수많은 나라를 제멋대로 움직여 왔다. 세상 나라들도 로마카톨릭과 연합하고 음모를 꾸며 가면서 이득을 얻어 왔다. 로마카톨릭은 도저히 무너지지 않을 것처럼 부강해 보였다. 그러나 이제 그들이 의존하는 로마카톨릭이 무너지게 된다. 그리고 이것은 그들의 나라도 무너질 것이라는 사실을 보여 준다.

3. "적그리스도와 열 왕"으로부터 버림을 받는 큰 창녀(17:16,17)

▲ 창녀의 심판

1) "열 왕"이 큰 창녀인 로마카톨릭을 증오하고 패망시키되, 그녀를 벌거벗기고 그녀의 살을 먹으며 그녀를 불로 태운다(17:16). 그리고 그

들의 왕국을 로마카톨릭이 아닌 짐승에게 넘긴다(17:17).

2) 큰 창녀인 로마카톨릭을 향해 "그녀가 행한 만큼 두 배로 갚아 주시겠다."는 하나님의 복수가 선포된다(18:5,6). 큰 창녀의 멸망을 바라보는 동맹국들은 비탄에 잠기고 혼란의 소용돌이에 휩싸이게 된다(18:15-19).

하나님께서는 "여왕"(계 18:7)인 큰 창녀가 마지막 날들에 권세를 잡을 것을 경고하시지만, 또한 그녀를 권좌에서 끌어내리시어 멸망시킬 것도 약속하신다. 하나님께서 이 중요한 경고와 약속을 그분의 말씀 속에 넣어 주셨기 때문에, 우리는 그것을 미리 알고 『**나의 백성들아, 그녀에게서 나오라. 그리하여 그녀의 죄들에 동참자가 되지 말고 그녀의 재앙들도 받지 말라.**』(계 18:4)라는 그분의 경고에 주의를 기울이게 된다. 이처럼 하나님의 엄중한 심판이 그 "여자"(교황과 로마카톨릭)에게 내려지기 때문에 하나님의 백성들은 그녀에게서 나와야 한다. 그녀의 죄들에 동참자가 되지 말고 그녀의 재앙도 받아서는 안 된다. 이것이 "교리적으로"는 환란 중의 이스라엘에 적용되지만, "영적으로" 보면 그리스도인들 역시 로마카톨릭의 죄들에 동참해서는 안 된다는 교훈으로 적용할 수 있다.

■ 새롭게 깨달았거나 적용할 내용이 있다면 적어 보세요. ■

NOTES

NOTES

NOTES

< 추 천 도 서 >

요한계시록

피터 S. 럭크만 지음 / 592쪽
30,000원(eBook 12,900원)

방대한 성경 지식과 연결되어 있는 본서의 "유기적인 특성"은 이 책 한 권으로 신학적 기틀을 쌓는 것을 가능케 한다.

세대적 진리

클리렌스 라킨 지음 / 322쪽 / 32,000원

1920년에 출간된 이 책은 세대주의 연구의 기초가 되는 책으로 클리렌스 라킨의 역작이며, 성경을 연구하는 모든 그리스도인들의 필독서이다.

휴거와 재림

이송오 목사 지음 / 64쪽 / 2,000원

전·후·무천년주의 중 성경적인 종말론은 무엇인가? 교회는 환란을 통과하는가 아니면 환란 전에 들림받는 것인가? 이 책은 성경적인 답변과 종말론의 체계를 잡아 준다.

짐승의 표

피터 S. 럭크만 지음 / 122쪽
5,000원(eBook 1,200원)

이 책은 철저하게 하나님의 말씀에 근거하여 적그리스도의 정체와 활동에 관련된 사실들을 다루었다.

솔로몬 성경공부 시리즈

요 한 계 시 록

제3권 짐승의 표와 일곱 호리병(13-18장)

초판1쇄 2021년 7월 2일
초판4쇄 2023년 7월 14일
지 은 이 / 편 집 부
발 행 인 / 박 승 용
발 행 처 / 말씀보존학회
출판등록 / 제409-2022-000036호
주 소 / 서울 강서우체국 사서함 제90호
전 화 / (02) 2665 - 3743
팩 스 / (02) 2665 - 3302
인 터 넷 / www.biblemaster.co.kr

값 10,000 원

<그리스도인이면 꼭 알아야 할 성경 지식>

요한계시록

제4권

새 예루살렘과 영원 시대(19-22장)

서울솔로몬학교 성경연수원

차 례

이 책에 인용된 성경 구절은 〈한글킹제임스성경〉입니다.

제1과
어린양의 혼인식과 지상 재림(19장)

『또 그의 옷과 넓적다리에 이름이 기록되어 있는데 "**만왕의 왕, 또 만주의 주**"라 하였더라』(계 19:16).

네 번의 할렐루야(1-6절)

1. 첫 번째 할렐루야(1,2절) - 큰 창녀의 심판 때문에

▲ 셋째 하늘에서 주님을 찬양하는 무리들

1) 하늘에서 많은 사람이 큰 음성으로 "**할렐루야**"라고 외치면서 구원과 영광과 존귀와 권세를 주 우리 하나님께 돌린다(1절).

2) 그 이유는 하나님의 심판이 참되고 의롭기 때문이며, 음행으로 땅을 타락하게 한 큰 창녀를 심판하셔서 하나님의 종들의 피를 그녀의 손에서 갚아 주셨기 때문이다(2절).

"할렐루야"는 히브리어의 두 낱말, "할렐루"(너희는 찬양하라)와 "야"(주, 시 68:4)가 복합된 단어로서 "너희는 주를 찬양하라."라는 뜻이다.

2. 두 번째 할렐루야(3절) - 큰 창녀의 고통 때문에

➡ 큰 창녀의 고통의 연기가 영원무궁토록 올라간다. 요한계시록 14:10,11과 20:10은 큰 창녀인 로마카톨릭이 적그리스도 및 사탄과 관계있음을 보여 준다.

3. 세 번째 할렐루야(4,5절) - "하나님을 찬양하라!"

1) 스물네 장로와 네 짐승이 엎드려 보좌에 앉아 계신 하나님께 경배하며 "<u>**할렐루야**</u>"라고 외친다.

2) 그러자 보좌에서 음성이 나서 말하기를 『**너희 모든 그분의 종과, 작은 자나 큰 자나 그분을 두려워하는 너희는 우리 하나님을 찬양하라.**』(5절)라고 말한다.

4. 네 번째 할렐루야(6절) - 다가오는 주 하나님의 통치 때문에

1) 큰 무리의 음성과 많은 물소리 같으며 굉장한 천둥소리 같은 음성이 『**할렐루야, 전능하신 주 하나님께서 통치하시도다.**』라고 말한다. 이 선포는 요한계시록 11:15의 선포와 잘 연결되며, 바야흐로 전능하신 주 하나님께서 천년왕국과 영원 세계에서의 통치를 시작할 때가 이르렀음을 말해 준다.

2) 6절의 네 번째 할렐루야는 하나님의 통치에 앞서 있을 "어린양의 혼인식"(7절)에 관한 내용을 포함한다. 『**할렐루야, 전능하신 주 하나님께서 통치하시도다. 기뻐하고 즐거워하며 그분께 존귀를 돌리세. 이는 어린양의 혼인식이 다가왔고 그의 아내도 자신을 예비하였음이라**』(6,7절).

▲ 어린양의 혼인식

어린양의 혼인식(7-10절)

1. 기뻐하고 즐거워하며 존귀를 돌려야 하는 이유(7절)

1) 어린양의 혼인식이 다가왔기 때문이며, 어린양의 아내도 혼인식에 맞게 자신을 "예비했기" 때문이다.

> "예비했다."라는 말씀은 신부가 혼인식을 위해 정결케 되었다는 의미이다. 신부를 정결케 하는 자리는 "그리스도의 심판석"이며(고전 3:13-15, 고후 5:9,10, 롬 14:10-13), 신부는 그곳에서 "점"과 "주름"을 제거하게 된다(엡 5:26,27).

2) 우리는 여기서 혼인식을 앞둔 들뜬 분위기를 읽을 수 있으며, 그 모든 일을 이루신 하나님께 영광과 존귀가 돌려지고 있는 모습을 보게 된다.

2. 어린양의 혼인식은 언제 거행되는가?

➡ 어린양의 혼인식은(7절) 그리스도의 심판석이 끝난 후, 곧 재림 직전에 거행된다.

1) 신부는 그리스도의 심판석에서 정결케 되고 난 뒤에 비로소 혼인식장에 등장한다.

2) 그녀는 예수 그리스도께 "죄 없는" 신부로서 결혼할 준비를 마치게 된다.

『내 사랑아, 너는 모두가 어여쁘니 네게는 흠이 없구나』(솔 4:7).

3. 어린양의 아내가 입는 흰 세마포(8절)

1) 흰 세마포는 "성도들의 의"다(8절).

➠ 이 세마포는 "**희고 정결하게**" 짜여 있다(14절, 시 45:13). 구원받은 그리스도인들은 이 지상에 있는 동안 자신의 행실로 신부로서 입을 드레스를 "**짜야**" 한다. 성도 개인이 예수 그리스도를 어떻게 섬겼는가에 따라 옷 입게 될 것이다(살전 4:1-12). 자신의 세마포를 예비하지 않은 성도는 휴거와 동시에 벌거벗은 수치 가운데 드러나게 될 것이다(고후 5:3, 요일 2:28, cf. 계 3:18; 16:15).

▲ 어린양의 혼인식

4. 어린양의 혼인 잔치에 초청받는 하객들(9절)

1) 어린양의 혼인식에 초대되어 참여하게 되는 사람들은 복되며, 이것은 어떤 주석가들의 개인적인 해석이 아니라 『**참된 하나님의 말씀들**』(9절)이다.

▲ 어린양의 혼인식

2) 어린양의 혼인식에 참석

▲ 어린양의 혼인식

하는 하객들은 "**하나님의 가족**"(엡 3:15)에 속한다. 마귀의 가족은 이 혼인식에 참석할 수 없다.

➠ "하나님의 가족"은 아담으로부터 재림 때까지 모든 시대에 서로 다른 경륜을 통해 "**구원받은**" 성도들을 모두 포함한다.

(1) "**신랑의 친구**"(눅 16:16, 요 3:29)

➠ 모세부터 침례인 요한까지의 구약의 유대인 성도들로서, 이들은 율법과 더불어 시작하여 요한과 더불어 끝나는 경륜 속에서(눅 16:16) 구원받은 사람들이다.

(2) "**왕후들**"(솔 6:8,9, 욥 19:25-27, 마 8:11)

➠ 혼인식의 참석자들 중에는 왕들의 딸들(시 45:9)이 있는데, 그들은 구약의 율법 시대 이전에 은혜 아래에서 구원받은 구약 성도들을 나타낸다(이방인 : 아벨, 셋, 노아, 에녹 / 히브리인 : 아브라함, 이삭, 야곱, 요셉 등).

(3) "**후궁들**"(솔 6:8,9, 롬 2:6-15).

➠ 혼인식의 참석자들 가운데 투로의 딸이 있고(시 45:12), 그들은 율법 시대에 구원받은 구약의 이방인들이다.

(4) "**손님들**"(7:9-17, 눅 14:13, 마 22:11).

➠ "**아무도 셀 수 없는 큰 무리**"이자 혼인식의 증인들로서, 휴거 때 들림받게 될 환란 시대에 구원받는 이방인들이다.

(5) "**처녀들**"(virgins, 솔 6:8, 마 25:9,10).

① 이들은 "**한**" 순결한 처녀로(고후 11:2) 제시되는 교회와는 다른 부류의 사람들로서, 처녀"**들**"이라는 복수형으로 등장한다.

② 이들은 신랑과 결혼하러 가는 신부가 아니라 신랑을 맞으러 가는 처녀들이다(마 25:9,10).

③ 이들은 대환란 때 믿음과 행위로 구원받는 유대인 환란 성도들이다(12:17; 14:12; 15:3, 마 25:13,15,20).

④ 이들은 어린양의 혼인식에 앞서서 셋째 하늘로 끌려 올라가 그 혼인식에 참여하는 144,000명의 "**동정들**"(virgins)이다(14:1-6, 시 45:13,14).

(6) "**천년왕국 기간에 구원받는 성도들**"

➠ 하나님의 가족 중 또 다른 구성원인 이들은 그리스도의 재림 이후에 등장하므로 "**혼인식**"에는 참석하지 못한다.

5. 요한의 경배를 거부한 천사(10절)

1) 천사는 자신이 예수의 증거를 가진 요한의 형제들과 같은 동료 종이므로, 하나님께 경배하라면서 요한의 경배를 거부한다.

2) 『**이는 예수의 증거가 예언의 영이기 때문이라**』(10절).

(1) 천사는 요한의 형제들도 천사 자신과 동일한 예수의 증거, 곧 예언의 영을 지녔다는 점을 들어서 경배받는 것을 거부한 이유에 관해 설명했다.

(2) 예수의 증거를 가졌다면 누구나 예언할 수 있는 것이며, 경배받으실 분은 오직 하나님 한 분뿐이시라는 것이다.

➠ 성경의 예언을 말할 수 있다고 해서 경배의 대상이 될 수는 없다.

3) "예수의 증거"는 미래를 예언하는 영이다.

(1) 예언은 정확하고 무오한 일에 대한 분명하고 최종적인 시험대다(사 41:23-26).

(2) 이것은 "성경대로 믿는 거듭난 그리스도인"과 "자칭 그리스도인" 간의 차이점을 아는 방법이 된다.

① 자신이 죽으면 어디로 가는지 확실히 알고 있는가?(고후 5:1-8)

② 구원받지 못한 사람들이 죽으면 어디로 가는지 분명히 알고 있는가?(시 9:17)

③ 앞으로 이 땅에 어떤 일이 일어날지 확실히 알고 있는가?(마 24장)

■ 신랑과 신부의 신혼여행 ■

어린양의 혼인식을 마치신 주님께서는 재림하실 때 아마겟돈 전쟁을 치르시게 된다. 앞으로 일어날 사건들을 순서대로 나열해 보면, "교회의 휴거, 그리스도의 심판석, 어린양의 혼인식, 아마겟돈 전쟁, 예수 그리스도의 천년왕국 통치" 등이다. 누가복음 22:16-30에 나오듯이, 아마겟돈 전쟁 이후에 이어질 "만찬"(9절)은 재림 때 이 땅에서 베풀어질 것이다. 어린양의 혼인식 이후 신랑과 신부의 신혼여행은 바로 그때 만물이 회복된 땅에서 천 년 동안 이루어진다.

■ 새롭게 깨달았거나 적용할 내용이 있다면 적어 보세요. ■

재림하시는 만왕의 왕과 주의 군대(11-16절)

1. "만왕의 왕, 또 만주의 주"이신 예수 그리스도

1) 주님께는 그분 자신 외에는 아무도 모르는 『**한 이름이 기록되어**』(12절) 있다. 그러나 주님께서는 『**신실과 진실**』(11절), 『**하나님의 말씀**』(13절), 『**만왕의 왕, 또 만주의 주**』(16절)라는 다른 이름들로도 불리신다.

▲ 만왕의 왕, 만주의 주

2) 주님께서는 눈이 불꽃 같고, 머리에는 많은 왕관들이 있으며(12절), "흰 말"을 타고서 재림하신다(11절).

➡ "눈이 불꽃 같다"는 점은 이 흰 말을 타신 분이 요한계시록 3:18에서 사도 요한이 보았던 주 예수 그리스도와 동일한 분이심을 보여 준다. [이 불꽃 같은 눈으로 그리스도의 심판석에서 우리의 혼을 꿰뚫어 보실 것이다. 따라서 그리스도의 심판석은 매우 두려운 자리가 될 것이다(고후 5:10,11).]

▲ 하늘 군대의 출격

3) 주님께서는 의로 심판하시고 싸우시며(11절), 입에서 나오는 예리한 칼로 민족들을 치시고(15절), 맹렬한 진노의 포도즙틀을 밟으시기 때문에(15절) 피에 적신 옷을 입으셨다(13절).

▲ 원수들을 멸하시는 그분의 입의 칼

▲ 원수들을 멸하시는 예수 그리스도

(1) "**의로 심판하시고 싸우신다**"는 것은 말을 타신 분이 누구이신가를 보여 주는데, 곧 그분께서는 하나님의 의이신 예수 그리스도이신 것이다.

(2) "**입에서 나오는 예리한 칼**"은 이분이 요한계시록 1:16과 2:12의 바로 그 예수 그리스도이심을 보여 준다. 이 "**칼**"은 예수 그리스도의 입에서 나오는 "**말씀**"을 의미한다(엡 6:17, 히 4:12).

(3) "**피에 적신 옷**"은 이사야 63:1-4에서 복수하시는 주 여호와 하나님의 모습을 보여 준다. 이사야 63장의 주 여호와 하나님이 곧 요한계시록 19장에서 재림하시는 주 예수 그리스도이신 것이다(cf. 딤전 3:16).

『보스라에서 물들인 옷을 입고, 에돔에서 오는 이가 누구인가? 그의 의복이 화려하고 그의 능력의 위엄으로 거니는 이가 누구인가? 의로 말하는 나니, 구원할 능력이 있는 나로다. 어찌하여 네 의복이 붉으며 네 옷이 포도즙틀을 밟는 자 같은가? 나는 홀로 포도즙틀을 밟았고 백성 중에 나와 함께한 자가 아무도 없었도다. 나의 분함으로 그들을 밟고 나의 진노함 속에서 그들을 짓밟으리니 그러면 그들의 피가 내 옷에 튀어서 내가 내 의복을 모두 얼룩지게 할 것이라. 이는 복수의 날이 내 마음속에 있고, 내 구속의 해가 오기 때문이라』(사 63:1-4).

2. 하늘에서 내려오는 주의 군대

1) 주 예수 그리스도를 뒤따라 내려올 주의 군대는 "흰 말들을 탄 기병들"이다(14절, 욜 2:4).

▲ 위대한 하늘 군대

2) 주의 군대는 "두 부류"로 나뉜다.

(1) 희고 정결한 세마포를 입은(8절), 그리스도의 몸 된 "교회"(14절)

➠ "희고 정결한 세마포"는 이들이 "어린양의 아내"임을 보여 준다(8절).

(2) 구약 시대와 환란 시대에 구원받은 "이스라엘"(판 5:9,10 - 흰 나귀들을 탄 이스라엘의 치리자들)

3) 주의 군대는 "초자연적인" 군대이다(욜 2:1-11).

(1) 이 군대가 행진할 때 대적들은 심한 고통을 당하고 얼굴이 새까맣게 변한다(6절, 슥 14:12, 나 2:10).

(2) 용사처럼 달리고 전사처럼 성벽을 기어오르며 대열을 흩뜨리지 않는 정예화된 군대다(7절).

(3) 칼 위에 쓰러져도 상처를 입지 않는 초자연적인 몸을 지니고

▲ 지상으로 내려가는 하늘 군대

있다(8절).

(4) 집들 위를 기어오르며 도둑처럼 창문들을 통해 안으로 들어간다(9절).

(5) 이 군대가 행진할 때 땅과 우주의 천체들이 흔들린다(10절).

『그들의 모양은 말들의 모양 같고 그들은 마치 기병들처럼 달리리로다. 그들이 뛰는 것은 산꼭대기들에 있는 병거들의 소리 같고, 그루터기를 삼키는 불꽃 소리와도 같으며, 전열에 배치된 강한 백성 같으리라. 그들의 얼굴 앞에서 백성은 심하게 아픔을 당할 것이며 모든 얼굴들은 새까맣게 되리라. 그들은 용사들같이 달릴 것이며 그들은 전사들같이 성벽을 기어오를 것이요, 그들은 각기 자기의 길로 행군할 것이나 그들은 그 대열을 흩뜨리지 아니하리라. 한 사람이 다른 사람을 밀치지도 않을 것이며, 그들은 각기 자기 길로 걸으리라. 그들은 칼 위에 쓰러져도 상처를 입지 아니하리라. 그들은 성읍 안에서 이리저리 달릴 것이며, 그들은 성벽 위를 달릴 것이요 집들 위를 기어오르며 그들은 도둑처럼 창문들을 통해 안으로 들어가리라. 땅이 그들 앞에서 흔들리며 하늘들이 떨고 해와 달이 어두워지며 별들이 그들의 빛을 거두리라. **주**께서 그의 군대 앞에서 그의 음성을 발하시리니, 이는 그의 진영이 매우 크고 그의 말씀을 실행하는 분은 강하심이라. **주**의 날이 위대하고 심히 두려우니 누가 그것을 견뎌 낼 수 있으리요?』(욜 2:4-11)

■ 새롭게 깨달았거나 적용할 내용이 있다면 적어 보세요. ■

아마겟돈 전쟁(17-21절)

"아마겟돈 전쟁"은 마귀가 세상 나라들을 모아서 하나님과 그분의 백성을 대적하기 위해 싸우는 전쟁이지만, 엄밀히 말하면 하나님께서 그들을 한 번에 멸하시려고 모으시는 전쟁이다. 『**너희는 이것을 이방인들 가운데 선포하라. 전쟁을 예비하며 용사들을 깨우고 모든 전사들로 가까이 오게 하며 그들로 올라오게 하라. 너희 보습을 쳐서 칼을 만들고 너희 낫을 쳐서 창을 만들라. 약한 자로 '나는 강하다.'라고 말하게 하라. 너희 모든 이방들아, 모여서 오라. 다 함께 주위에 모이라**』(욜 3:9-11a). 적그리스도의 군대와 하나님의 군대가 맞붙는 지상 최대의 전쟁이 벌어질 때, 주 예수 그리스도께서는 이방 민족들을 진노로 심판하실 것이다. 『**너희는 낫을 대라. 이는 곡식이 익었음이라. 너희는 와서 밟으라. 이는 포도즙틀이 가득 차고 독들이 넘쳐남이니, 그들의 죄악이 크기 때문이라**』(욜 3:13). 이것은 악인들을 심판하고 불못에 던지기 위한 추수로서, 하나님께서는 그들을 거두시어 진노의 큰 포도즙틀에 던져 넣고 짓밟으실 것이다(14:18-20; 19:15).

1. 아마겟돈으로 집결하는 적그리스도의 군대

1) 적그리스도와 땅의 왕들과 이방의 군대가 예수 그리스도를 대항하기 위해 "**아마겟돈**"으로 모인다(9:15-17; 16:12-16; 17:13,14).

2) 적그리스도와 땅의 왕들과 이방의 군대 역시 "**기병대**"로서 그 수가 "**2억**"

이다(9:16, cf. 나 3:2,3).

3) 끝없이 깊은 구렁으로부터 올라오는 "**초자연적인 메뚜기들**"(9:1-3, 7-11, 17-19)이 적그리스도의 기병대 안에 편제되어 있다.

2. 아마겟돈 전쟁의 위대한 승리

『주의 오른편에 계신 주께서 그의 진노의 날에 왕들을 쳐부수시리라. 그가 이방 가운데서 심판하실 것이요, 시체들로 그곳들을 가득 채우시며 여러 나라의 머리들을 상하게 하시리라』(시 110:5,6).

▲ 피에 적신 그분의 옷

1) 주 예수 그리스도께서는 그분의 입에서 나오는 "**예리한 칼**"(15절, "**말씀**")로 적들을 물리치신다.
cf. 재림하실 때의 상황을 묘사해 주는 구절들 ➠ 사 2:4, 슾 1:15, 합 3:8, 나 2:10, 겔 20:47, 마 24:34, 욜 2:1-11

2) 전쟁은 "**일순간**"(단 하루 만에)에 종료되고, 예수 그리스도께서는 "**진노의 포도즙틀**"을 밟으심으로써 심판을 이루신다.

➠ 이 아마겟돈 전쟁은 분명히 순식간에 끝날 것이지만, 환란 기간에 "**모이는 데**"는 7년이 걸리고 막상 전쟁 수행 자체를 위해 모이는 데는 수개월이 걸릴 것이다. 그러나 두 진영의 군대가 마침내 맞부딪히게 되면 전쟁은 24시간 이내에 끝난다. 주 예수 그리스도의 완전

한 승리다. 지상의 군대와 주 예수 그리스도의 초자연적인 군대 간의 전쟁이 대등하게 전개될 리가 없다.

3) "위대하신 하나님의 만찬"(17-19,21절)

➠ "아마겟돈 전쟁" 때, 하늘의 새들이 와서 죽은 자들의 살을 먹게 된다(겔 39:4, 습 1:7,8; 2:14; 3:8). 『**어디든지 시체가 있는 곳에는 독수리도 함께 모이느니라**』(눅 17:37).

▲ 위대하신 하나님의 만찬

4) "짐승(적그리스도)"과 "거짓 선지자"는 산 채로 붙잡혀서 "불못"(마 25:41)에 던져진다(20절).

▲ 짐승과 거짓 선지자의 심판

5) "사탄"은 "끝없이 깊은 구렁"에 천 년 동안 갇힌다(20:1-3). 그러다가 천 년 후에 잠시 풀려나게 되는데(20:7), 이때 세상을 다시 한번 더 미혹하여 전쟁을 일으킬 것인즉(8절), 이것이 바로 "곡과 마곡의 전쟁"이다(겔 39장).

➠ 사탄은 요한계시록 12:9에서 대환란 때까지 『**온 세상을 미혹하던 자**』라고 불리는데, 천년왕국 뒤에 끝없이 깊은 구렁에서 잠시 풀려날 때도 땅의 사방에 있는 민족들을 미혹하여 전쟁을 일으킨다.

3. 천년왕국에서 철장으로 통치하시는 주 예수 그리스도(15절)

➠ 유다 지파의 사자(5:5)이신 예수 그리스도께서는 민족들을 발판으로 삼

▲ 예수 그리스도의 철권 통치

으시고(시 110:1) 철장으로 그들을 통치하실 것이다(2:27; 12:5, 시 2:9). 예수 그리스도의 지상 통치는 철장으로 다스리는 군사 독재이다. 그렇기에 그들은 『**두려움으로 주를 섬기고 떨림으로 즐거워**』해야 한다(시 2:11). 시편에서의 경고는 바로 그들을 향한 경고인 것이다. 『**그 아들에게 입맞추라. 그렇지 않으면 그가 노하실 것이요, 그가 조금만 격분하셔도 너희가 그 길에서 망하리라**』(시 2:12).

시편 2:7에서 『**그 아들**』은 하나님께서 "초림 때" 낳으신 그분의 아들 예수 그리스도이시다. 이 점은 초림 때 고난을 당하셨던 하나님의 아들께서 재림 때에는 철장으로 통치하신다는 점을 보여 준다. 이것이 바로 구약의 선지자들이 예언했던 『**그리스도의 고난과 다가올 영광**』이다(벧전 1:11). 주님께서도 『**그리스도가 이러한 고난을 당하고서 그의 영광에 들어가는 것이 당연하지 않느냐?**』(눅 24:26)라고 말씀하셨다. 재림 때 주님께서는 하나님의 거룩한 산인 시온 위에 왕으로서 세워지실 것이고(시 2:6), 『**그날에는 주만이 홀로 높임을**』(사 2:11) 받으실 것이다. 성도에게도 고난 뒤에 영광이 있다는 점을 잊지 말아야 한다(롬 8:17, 딤후 2:12; 3:12).

■ 새롭게 깨달았거나 적용할 내용이 있다면 적어 보세요. ■

제1과
복습문제

1. 어린양의 혼인식은 (   )이 끝난 후, 곧 재림 직전에 거행된다.

2. 어린양의 혼인식에 참석하는 하객들은 "하나님의 (   )"이다(엡 3:15).

3. "예수의 (   )"는 미래를 예언하는 영이다.

4. 『또 하늘에 있는 군대들이 희고 정결한 세마포를 입고 흰 말들을 타고 그를 따르더라』(계 19:14). 여기서 희고 정결한 세마포를 입고 주님을 따르는 군대는 예수 그리스도의 몸, 곧 (   )이다.

5. 적그리스도의 군대는 (   )으로 집결한다.

6. 주 예수 그리스도께서는 천년왕국에서 (   )으로 통치하신다.

■ 복습 문제의 정답은 홈페이지(www.solomonbtc.org)에서 확인할 수 있습니다.

NOTES

NOTES

NOTES

제2과

인류 최후의 전쟁 : 곡과 마곡의 전쟁(20장)

『그 천 년이 끝나면 사탄이 그의 감옥에서 풀려나, 땅의 사방에 있는 민족들, 곧 곡과 마곡을 미혹하려고 나가서 그들을 함께 모아 전쟁을 일으키리니 그 수가 바다의 모래 같으리라』(계 20:7,8).

"천년왕국"(Millennial Kingdom)

『또 내가 보니, 한 천사가 하늘에서 내려오는데, 그의 손에는 끝없이 깊은 구렁의 열쇠와 큰 사슬을 가졌더라. 그가 그 용을 잡으니, 곧 마귀요 사탄인 옛 뱀이라. 그를 천 년 동안 묶어 두니 그를 끝없이 깊은 구렁에 던져서 가두고 그 위에 봉인하여 천 년이 찰 때까지는 민족들을 다시는 미혹하지 못하게 하더라. 그후에는 그가 반드시 잠시 동안 풀려나게 되리라』(계 20:1-3). 사탄이 결박당한 이후 예수 그리스도께서 이 땅 위에서 통치하시는 기간이 "천 년"이라는 사실은 요한계시록에 너무나 분명하게 기록되어 있다.

"천 년"이라는 말은 요한계시록 20:1-7에서 여섯 번이나 나온다. 이 기간을 "천년왕국"(Millennial Kingdom)이라고 부르는데, 이 용어는 라틴어로 "Mille"(천)와 "Annum"(년)의 합성어에 "Kingdom"(왕국)이라는 단어가 결합된 말이다. 이 왕국이 세워지는 시기는 예수 그리스도께서 이 땅에 재림하실 때이다. 우리 주 예수 그리스도께서 하늘의 군대를 이끌고 저 셋째 하늘로부터 이 땅에 내려오셔서 적그리스도를 멸하신 이후(계 19:11-21) 모든 이방 민족들을 심판하실 때인 것이다(마 25:31-34). 이 왕국은 이 지상에 세워지는 실제적인 왕국이며, 눈에 보이는 물질적이고 정치적인 왕국, 곧 우리 주 예수 그리스도께서 직접 통치하실 왕국이다!(클라렌스 라킨의 〈세대적 진리〉, pp.169,170)

인류 역사의 황금시대 "천년왕국"(계 20:1-6)

1. 정부의 형태 : 신정 통치 체제

1) <u>하나님이신 주 예수 그리스도께서 왕으로서 직접 다스리시는 신정 통치 왕국이다</u>.

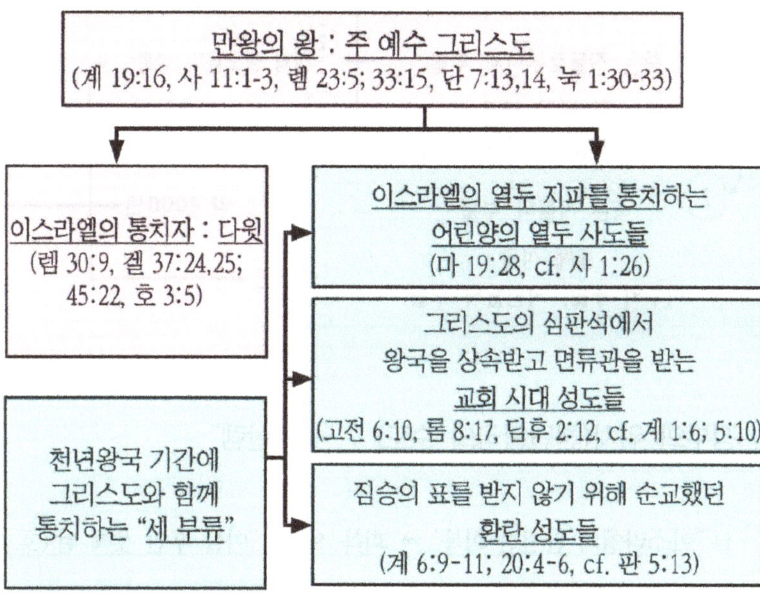

2) <u>천년왕국으로 들어가는 사람들</u>

(1) "<u>율법 시대 이전</u>"(B.C. 1500년경 이전)에 구원받은 성도들

(2) "<u>율법 시대 동안</u>"(B.C. 1500 - A.D. 30) 구원받은 유대인들과 이방인들

(3) "<u>교회 시대</u>"(A.D. 30 - 휴거)의 그리스도인들

(4) "<u>환란 시대</u>"에 구원받은 유대인들과 이방인들

"첫 번째 부활에 참여하는 자"는 복되고 거룩한 존재들이며, 둘째 사망이 그들을 다스리는 권세가 없다. 하나님과 그리스도의 제사장들이 되어 왕들과 제사장들로서 천 년 동안 그분과 함께 통치하게 된다(계 5:10; 20:5,6).

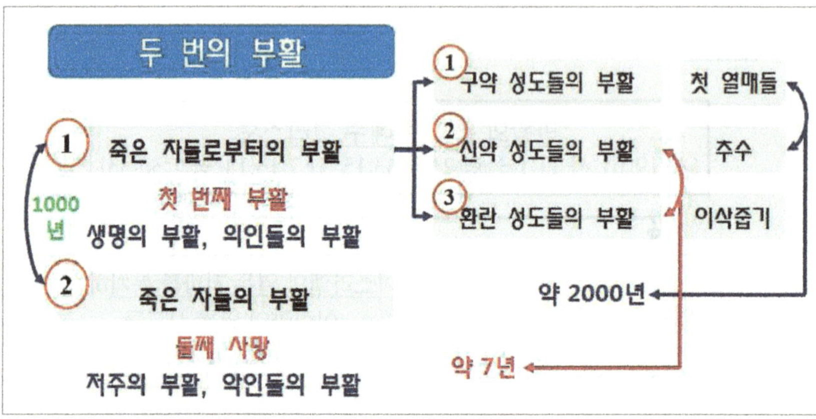

2. 정부의 위치(천년왕국의 수도) : "예루살렘"

1) "<u>이스라엘의 완전한 회복</u>" ➠ <u>회복 시기 : "이틀 후인 셋째 날"(호 6:1-3)</u>

➠ 이스라엘은 메시아를 십자가에 못 박아 죽임으로써 최종적으로 거부되고 멸망당한 이래로 "<u>2천 년</u>"(이틀)이 지난 후인 "<u>3천 년째</u>"(셋째 날)에 완전히 회복된다.

(1) "<u>영적인 회복</u>"

① "<u>대환란</u>"이라는 전무후무한 고난(겔 22:20, 슥 13:9)의 기간을 통과한 이후에, "<u>대대적인 민족적 회개</u>"(욜 2:12-17,28-32, 슥 12:10-13:1)와 더불어 영적으로 위로받고 완전히 회복된다(사

40:1,2, 욜 3:21).

② "<u>아버지 하나님의 아내</u>"로서의 지위가 회복된다(사 54:5; 62:4, 호 2:14-17).

③ 하나님께서는 이스라엘 백성과 "<u>새 언약</u>"(New Covenant, 렘 31:31-34)을 맺으신다.

④ "<u>다윗 안</u>"에서 "<u>다윗의 왕국</u>"으로 회복된다(사 32:1; 55:3, 호 3:4,5, 암 9:11).

⑤ 목자이신 위대한 왕께서 양들인 이스라엘을 인도하고 먹이신다(사 11:15,16, 렘 23:3,6, 암 9:14, 미 2:12; 4:4; 7:14,15).

(2) "<u>물리적인(정치적인) 회복</u>"

① "<u>하나로 통일된</u>" 매우 크고 "<u>위대한 정치적인 왕국</u>"으로 회복되고, "<u>이방인들은 이스라엘 앞에 굴복하게 된다</u>"(사 11:10-14; 45:14; 60:1-3,14,15; 61:6, 렘 3:18, 겔 37:1-14,19,22,24,25, 호 1:10,11, 암 9:12, 슥 8:20-23; 12:8,9).

② "<u>아브라함의 언약</u>"(창 15:18-21)을 통해 확정된 "<u>약속의 땅</u>"을 차지한다(겔 45-48장).

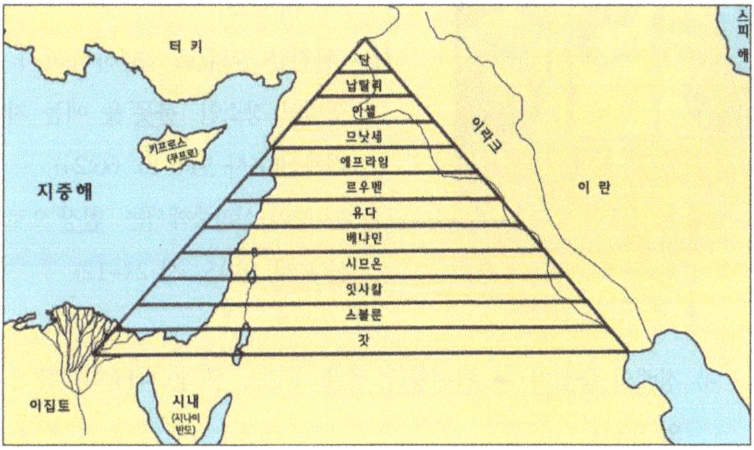

> 온 세상이 예수 그리스도의 왕국이 될 것이지만, 핵심 통치 국가는 "**이스라엘**"이며, 그 수도는 "**예루살렘**"이 될 것이다.

▲ 여호와 삼마

2) "**천년왕국의 수도**" ➡ "**예루살렘**"(사 2:2, 미 4:1)

➡ 회복된 예루살렘은 번영하게 되고(슥 2:4), 그 성읍으로부터 생수가 솟아나서 바다로 흘러가게 된다(슥 14:8). 또한 회복된 예루살렘의 이름은 "**여호와 삼마**," 곧 『**주께서 거기 계시다.**』(겔 48:35)가 될 것이다.

▲ 온 땅의 심판주

3) **통치 제도와 방법**

➡ 예루살렘에서 "**왕국 법령**"이 선포된다(사 2:3, 미 4:2).

(1) "**완전한 공의**"로 심판하시고(사 11:4,5), 형벌의 장소인 "**불못**"을 에돔 지역에 마련하신다(사 34:6-10; 66:24).

(2) 온 땅의 심판주께서는 "**철장**"으로 다스리신다(계 19:15, 시 2:6-12).

4) **경배의 중심지** ➡ **천년왕국 성전**(사 2:3, 겔 40:1-44:31, 학 2:6-9, cf. 암 9:11)

(1) 구약의 성막(성전)과 비교해서 천년왕국 성전에는 없는 것들

➠ 물대야, 금촛대, 차려 놓는 빵, 금제단(향제단), 휘장, 언약궤

(2) 레위기에 나오는 "다섯 가지 제사"(레 1-5장)가 모두 회복된다.

➠ 천년왕국 성전에는 물대야가 없지만 "번제단"은 존재하며, 또한 레위 지파의 "제사장 직분"과(겔 44장), 다섯 가지 제사들, 곧 ① 번제(겔 45:17,25), ② 음식제사(겔 45:17,25), ③ 화목제(겔 43:27; 45:17), ④ 속죄제(겔 43:19-27; 45:17), ⑤ 속건제(겔 44:29; 46:20)가 회복된다.

(3) 레위기에 나오는 "일곱 가지 절기"(레 23장)가 회복되는데(겔 45:17 -『이스라엘 집의 모든 정한 절기』), 특히 "유월절"(겔 45:21-24)과 "장막절"(겔 45:25)이 언급된다.

➠ 장막절에 하나님께 경배하려고 예루살렘으로 올라오지 않는 민족들에게는 비가 내리지 않을 것이다(슥 14:17,18).

이스라엘을 떠났던 하나님의 영광이 천년왕국 성전으로 돌아오고(겔 43:1-5), 천년왕국 성전에서 흘러나가는 생명의 강이 치유의 물이 되면서 물고기에게 생명을 준다(겔 47장). 『그 사면의 규격이 일만 팔천이며 그 날로부터 그 성읍의 이름이 '주께서 거기 계시다.' 가 될 것이라』(겔 48:35).

3. 천년왕국의 특징 : 영원한 왕국(단 2:44; 7:14,27), 의와 화평의 왕국(사 11:4,5,6-8)

1) "사탄의 결박"(계 20:1-3)

➠ 6천 년 동안 세상을 미혹해 온 사탄은 결박되고 끝없이 깊은 구렁에

갇혀서 인간에게 더 이상 어떤 영향력도 미치지 못하게 된다. "천년" 동안 사탄은 이 땅에 있지 않으며, 셋째 하늘은 물론 첫째 하늘이나 둘째 하늘에서도 활동하지 못한다.

2) "전쟁의 종식"(사 2:4, 미 4:3)

➠ 전쟁이 그치고 완전한 평화가 온다. 『**그가 많은 백성 가운데서 심판하시며 먼 곳의 강한 민족들을 책망하시리라. 또 사람들은 그들의 칼들을 쳐서 보습을 만들고 그들의 창들을 쳐서 낫을 만들 것이라. 민족이 민족을 대적하여 칼을 들어올리지 아니할 것이며, 그들이 더 이상 전쟁을 배우지 아니하리라**』(미 4:3).

3) "자연계의 회복"

(1) 황폐한 땅이 과거 에덴의 땅을 방불케 할 정도로 많은 양의 수확을 내는 "비옥한 땅"으로 바뀌게 된다(사 27:6; 35:1; 55:13, 욜 2:25,26; 3:18, 암 9:13,14).

▲ 맹수와 어린이들

(2) "동물들의 본성이 바뀌게 되고," 육식 동물들과 초식 동물들이 서로 간에 모두 평화롭게 지낸다(사 11:6-8; 65:25, 롬 8:22,23).

(3) "인간의 수명이 나무의 수명처럼 길어지고"(사 65:20,22, cf. 슥 8:4), 성소에서 흘러나오는 강물은 "병을 치유하며," 강둑 위에서 자라는 나무들의 잎사귀는 "약으로 사용되어"(겔 47:12) "병자들이 치유된다"(사 33:24; 35:5,6, 미 4:6).

(4) "**빛이 일곱 배나 밝아진다**"(사 30:26, cf. 사 60:19,20, 계 21:23,24).

4) "**영적인 회복 : 하나님의 지식으로 가득 차게 되는 세상**"

➡ **『그들은 나의 모든 거룩한 산에서 해치거나 파괴시키지 않으리니 이는 마치 물들이 바다를 덮음같이 세상이 주의 지식으로 충만할 것임이니라』**(사 11:9).

5) "**히브리어의 부활**"

➡ **『그때에 내가 백성에게 순수한 언어를 돌려주리니, 그들이 모두 주의 이름을 부르며 한마음으로 그를 섬길 것임이라』**(습 3:9).

■ 새롭게 깨달았거나 적용할 내용이 있다면 적어 보세요 ■

인류 최후의 전쟁 : "곡과 마곡의 전쟁"(계 20:7-10)

1. 사탄의 마지막 반역(계 20:7-9)

1) 천년왕국 끝에 잠시 풀려나는(7절) 사탄은 곡과 마곡을 미혹하여 전쟁을 일으킨다("**곡과 마곡의 전쟁**," 8절).

▲ 사탄의 마지막 반역

▲ 반역자들의 멸망

2) "**첫 번째 부활에 참여한 사람들을 제외한 사람들**"은 여전히 자기들의 타락한 본성을 가지고 있으므로, 그들 중에는 사탄에게 미혹되어 하나님께 반역하는 무리들이 상당수 있을 것이다(시 2:9-12; 66:7; 72:8,9; 110:2, 사 26:9-11).

(1) "**적그리스도의 편**"에 가담하여 예루살렘을 대항해서 전쟁하기 위해 일어나지 않았던 나라들의 남은 자들(슥 14:16-19, 단 11:41,42)과 그 후손들

(2) 세계 곳곳에서 짐승의 표를 받지 않고 대환란에서 살아남은 자들(계 14:10,11)과 그 후손들

(3) 7년간의 환란 시대에 유대인들에게 관용과 친절을 베푼 덕택으로 왕국을 상속받기 위해 천년왕국으로 들어간 사람들(마 25:34,40,46)

의 후손들

3) 곡과 마곡은 "**러시아**"와 연관이 있다(겔 38장).

▲ 곡과 마곡의 전쟁

(1) "**러시아**"(2,3절)는 북방 세력들을 규합해서(5,6절) "**이스라엘**"을 쳐들어올 것이다(8절).

(2) **공격 시점** ➡ 이스라엘이 "**안전하게 거하는 날**"(8,14,15절), 곧 "**천년왕국 끝 무렵에**"(계 20:7-9) 공격해 올 것이다.

(3) **공격 무기** ➡ "**대규모의 비행 편대**"를 이끌고 폭풍같이 올라올 것이고(9절), 이 막강한 공군력의 지원 속에 "**기마 부대**"도 함께 쳐들어올 것이다(4,15절).

4) 사탄과 그의 군대가 성도들의 진영과 하나님께서 사랑하시는 도성을 포위하지만, 주 하나님으로부터 불이 내려와 그들을 삼켜 버린다(9절, 겔 38:18-23).

2. 사탄의 멸망(계 20:10)

➡ **사람들을 미혹하던 사탄은 불과 유황 못에 던져져서 영원무궁토록 밤낮 고통을 받게 된다.**

■ 새롭게 깨달았거나 적용할 내용이 있다면 적어 보세요. ■

"큰 백보좌 심판"(계 20:11-15)

1. 큰 백보좌 심판(계 20:11-13)

▲ 큰 백보좌 심판

1) 하늘들과 땅이 모두 불타 없어진(벧후 3:7,10,12) 이후에 "허공에서" 심판을 받게 된다(11절, 욥 34:22, 잠 20:8,9).

2) "생명의 책"과 "책들"이 펼쳐져 있다(12절).

(1) 거듭난 그리스도인은 백보좌 심판의 대상이 아니다.

구분	그리스도의 심판석	백보좌 심판
대상	거듭난 그리스도인들	구원받지 못한 죄인들
시기	교회가 휴거된 후 (천년왕국이 임하기 전)	땅과 하늘이 불탄 후 (천년왕국이 지난 후)
장소	셋째 하늘에서	큰 백보좌 앞(허공에서)
근거	그리스도를 위한 행위들	그들의 행위들
결과	그에 따른 보상, 면류관들	불못에 던져짐

① 그리스도인은 환란 기간 중 셋째 하늘에서 펼쳐지는 "그리스도의 심판석"에서 이미 심판을 받았다.

② 백보좌 심판에서 "교회 시대 성도들"은 예수 그리스도와 함께 있고, 구원받지 못한 자들과 천사들을 심판한다(고전 6:3).

(2) 백보좌 심판에서 "생명책에 그 이름이 기록된" 사람들은 환란 시대와 천년왕국 기간에 그들의 "행위"를 통해 구원받은 사람들이다(계 12:17; 14:12).

(3) 백보좌 심판에서 "형벌"을 받는 대상들(13-15절)

① 아담부터 천년왕국에 이르기까지 구원받지 못한 모든 사람이 심판을 받는다.

▲ 큰 백보좌 심판

② 타락한 천사들(하나님의 아들들, 창 6장)이 심판을 받는다(유 1:6, 벧후 2:4,9; 3:7).

2. 둘째 사망(계 20:14,15)

➠ 누구든지 생명의 책에 기록되지 않은 자는 불못에 던져진다. **『사망과 지옥도 불못에 던져지니 이것이 둘째 사망이라. 누구든지 생명의 책에 기록되지 않은 자는 불못에 던져지더라』**(계 20:14,15).

▲ 불못에 던져지는 죄인들

■ 새롭게 깨달았거나 적용할 내용이 있다면 적어 보세요. ■

제2과
복습문제

1. 『(   ) 부활에 참여하는 자는 복되고 거룩하도다. (   ) 사망이 그들을 다스리는 권세가 없고, 오히려 그들이 하나님과 그리스도의 제사장들이 되어 천 년 동안 그와 함께 통치하리라』(계 20:6).

2. 천년왕국의 수도는 예루살렘이다. (O , X)

3. 구약의 제사들은 예수 그리스도의 구속 사역으로 완성되었기 때문에, 천년왕국 때는 더 이상 드려지지 않는다. (O , X)

4. 천년왕국 기간에는 해와 달이 비치지 않는다. (O , X)

5. 천년왕국 기간에도 사탄이 온 세상을 미혹한다. (O , X)

6. 그리스도인은 이미 그리스도의 심판석에서 심판을 받았으므로, 백보좌 심판의 대상이 아니다. (O , X)

■ 복습 문제의 정답은 홈페이지(www.solomonbtc.org)에서 확인할 수 있습니다.

NOTES

NOTES

제3과

새 예루살렘의 거주자들(21장)

『나 요한은 거룩한 도성 새 예루살렘이 하나님께로부터 하늘에서 내려오는 것을 보았는데 마치 신부가 자기 남편을 위하여 단장한 것같이 예비되었더라』(계 21:2).

새 예루살렘

"새 예루살렘"은 모든 그리스도인의 꿈이요, 또한 현실이 될 영원한 도성이다. 이 도성에 대한 갈망은 지상 삶에 대한 욕망의 불길을 꺼뜨리고, 성도의 믿음을 하늘을 향해 활활 불타오르게 한다. 이번 과에서는 요한계시록 21장에 계시된 "새 예루살렘"을 공부함으로써 "영원 세계"에 대해 눈을 떠 보도록 하자.

영원 시대에 새로운 거처들

1. 요한계시록 21장에서는 새로운 시대가 열린다. 즉 "새 하늘"과 "새 땅"과 "새 예루살렘"을 위시한 영원 시대가 펼쳐지는 것이다.

『또 내가 새 하늘과 새 땅을 보니, 처음 하늘과 처음 땅은 사라지고, 바다도 더 이상 있지 아니하더라. 나 요한은 거룩한 도성 새 예루살렘이 하나님께로부터 하늘에서 내려오는 것을 보았는데 마치 신부가 자기 남편을 위하여 단장한 것같이 예비되었더라』(1,2절).

▲ 하늘에서 내려오는 새 예루살렘

1) 영원 세계에서 인류는 "세 부류"로 나뉘고(고전 10:32), 그들은 각각 "서로 다른 거처"를 갖게 될 것이다.

❶ 구원받은 유대인들 ➡ 새 땅

❷ 구원받은 이방 민족들 ➡ 새 하늘

❸ 구원받은 그리스도인들(교회) ➡ 새 예루살렘

2) 사라져 버린 『**바다**』는 대서양이나 태평양이 아니라 『**유리 바다**』(계 4:6)로 불리는, 둘째 하늘과 셋째 하늘 사이에 있는 "**깊음**"을 가리킨다. 하나님께서 우주의 모든 구성 요소들을 불로 태워 버리실 때 이 거대한 물도 함께 사라져 버리게 된다.

『그러나 주의 날이 밤에 도둑같이 오리니 그 날에는 하늘들이 굉장한 소리를 내며 사라지고 우주의 구성 요소들이 맹렬한 불로 녹아내리며 땅과 그 안에 있는 일들이 타버릴 것이라. 그때 이 모든 것이 녹아 버리리니 너희가 모든 거룩한 행실과 경건에 있어 어떠한 사람들이 되어야겠느냐? 하나님의 날이 오기를 고대하고 열망하라. 그때는 하늘들이 불에 타서 녹아 버리고 우주의 구성 요소들도 맹렬한 불에 녹아내릴 것이나 우리는 그의 약속대로 의가 거하는 새 하늘들과 새 땅을 기다리도다』(벧후 3:10-13).

■ 새롭게 깨달았거나 적용할 내용이 있다면 적어 보세요. ■

새 예루살렘에 관한 성경의 세 가지 묘사

1. 자기 남편을 위해 단장한 신부

➠ 성경은 새 예루살렘이 『**마치 신부가 자기 남편을 위하여 단장한 것같이 예비되었더라.**』(2절)라고 말씀한다.

1) 새 예루살렘은 아버지 하나님의 신부가 아니다. 아버지 하나님의 신부는 "**이스라엘**"이기 때문이다(사 54:5, 렘 3:8; 31:32, 호 2:2,19,20).

2) 새 예루살렘은 『**어린양**』(계 19:7,8)과 그분의 신부인(요 3:29) 교회를 위하여 예비된 도성이다.

『또 마지막 일곱 재앙을 가득 담은 일곱 호리병을 가진 일곱 천사 가운데 하나가 내게 와서 나와 대화하며 말하기를 "이리 오라, 내가 너에게 신부인 어린양의 아내를 보여 주리라." 하고 그가 영 안에서 나를 이끌어 크고 높은 산으로 가서 큰 도성 거룩한 예루살렘이 하나님께로부터 하늘에서 내려가는 것을 내게 보여 주니』(9,10절).

2. 신부인 어린양의 아내

➠ 새 예루살렘은 또한 『**신부인 어린양의 아내**』로 불린다(9절). 주님께서는 이 영원한 도성을 "**어린양의 아내**"로 불리는(계 19:7,8) 그리스도인들과

동일시하고 계시는데, <u>이 점 역시 거듭난 그리스도인이라면 누구나 반드시 들어가서 살게 될 곳이 "새 예루살렘"임을 보여 준다</u>.

3. 우리 모두의 어머니

➠ 성경은 『**위[하늘]에 있는 예루살렘**』을 가리켜 『**우리 모두의 어머니**』(갈 4:26)라고 표현하는데, 그 이유는 우리 모든 그리스도인들의 "<u>영적인 출처</u>"(어머니)가 바로 새 예루살렘이 있는 "<u>셋째 하늘</u>"이기 때문이다. 『**하갈은 아라비아에 있는 시내 산이니 지금의 예루살렘과 같아서 그녀는 자기의 자녀들과 더불어 종 노릇 하나 위에 있는 예루살렘은 자유로우니 우리 모두의 어머니라**』(갈 4:25,26).

4. 새 예루살렘은 우리 모든 그리스도인들의 영원한 처소이며, 십자가의 복음을 믿기만 하면 누구든지 값없이 받을 수 있는 "썩지 않고 더럽지 않고 쇠잔하지 않는 유업"(벧전 1:4) 가운데 하나다.

1) 그리스도인들은 구원받았다는 이유만으로 자동으로 보장받는 유업이 있는데, "<u>구속받은 몸</u>"(롬 8:29)과 "<u>새 예루살렘</u>"(갈 4:26, 하늘에 있는 예루살렘)이다. 즉 구원받은 그리스도인이라면 누구나 "새 몸"과 "새집"을 받게 되는 것이다.

2) 거듭난 그리스도인이라면 누구든지 『**자기 남편을 위하여 단장한 신부**』, 『**신부인 어린양의 아내**』, 『**우리 모두의 어머니**』라 불리는 "새 예루살렘"에 들어가 영원히 살게 된다는 점을 잊지 말아야 한다. 그곳은 행위가 아닌 오직 믿음으로 구원받은 사람만이 들어가는 곳이다!

■ 『너희가 믿음으로 말미암아 은혜로 구원을 받았으니 이 것은 너희에게서 난 것이 아니요, 하나님의 선물이라. 행위에서 난 것이 아니니 아무도 자랑하지 못하게 하려 하심이라』(엡 2:8,9).

■ 『그러므로 우리가 믿음으로 의롭게 되었으니 우리 주 예수 그리스도를 통하여 하나님과 화평을 갖느니라. 또 그분으로 인하여 우리가 서 있는 이 은혜 안에 믿음으로 나아가며 하나님의 영광의 소망 안에서 즐거워하느니라』(롬 5:1,2. cf. 롬 3:24-26; 10:9).

■ 『그러므로 자랑할 데가 어디 있느냐? 있을 수 없느니라. 무슨 법으로냐? 행위의 법으로냐? 아니라. 오직 믿음의 법에 의해서니라』(롬 3:27).

■ 『너희가 믿음 안에 있는지 너희 자신을 시험하고 스스로 입증하라. 예수 그리스도께서 너희 안에 계신 것을 스스로 알지 못하느냐? 그렇지 못하면 너희는 버림받은 자들이라』(고후 13:5).

■ 새롭게 깨달았거나 적용할 내용이 있다면 적어 보세요. ■

새 예루살렘의 특징들

1. 새 예루살렘은 하나님께로부터 하늘에서 내려올 것이다. 따라서 이 도성은 인간이 만든 구조물이 아니다.

『나 요한은 거룩한 도성 새 예루살렘이 하나님께로부터 하늘에서 내려오는 것을 보았는데』(2절). 『그가 영 안에서 나를 이끌어 크고 높은 산으로 가서 그 큰 도성 거룩한 예루살렘이 하나님께로부터 하늘에서 내려가는 것을 내게 보여 주니』(10절).

1) **<u>하나님께서는 이 도성이 땅에 착륙한다고 말씀하시지 않았다</u>**. 그럴 수도 있지만, 성경은 단지 새 예루살렘 도성이 내려온다고만 말씀할 뿐이다.

2) 이 도성은 달처럼 지구 주위를 도는 "<u>위성</u>"일 수도 있다. 그것이 아니라면 이 땅에 내려와 그 꼭짓점을 대고 있을 것이다. 왜냐하면 이 도성이 정금으로 된 "수정 모양"이기 때문이다. 『그 도성은 네모가 반듯하며 길이와 너비가 같더라. 그러므로 그가 갈대로 그 도성을 측량하니 일만 이천 스타디온이요 길이와 너비와 높이가 같더라』(16절).

▲ 휘황찬란한 새 예루살렘

12,000스타디온이면 2,400km이다. 말하자면 새 예루살렘은 가로와 세로와 높이가 모두 2,400km이며, 그 면적(2,400km × 2,400km)은 5,760,000,000,000m^2 이다. 새 예루살렘을 정방향의 입방체로 계산하면 14퀸틸리언m^3 이며, 지금까지 구원받은 그리스도인의 수를 80억 명으로 계산하면 개인에게 할당되는 공간(3,965 × 3,965 × 100)은 경복궁의 36배, 자금성의 22배가 된다. 앞선 그림에서 보는 것처럼 위아래로 피라미드 두 개가 맞붙어 있는 이중 피라미드로 계산했을 때 그 부피는 4.6퀸틸리언m^3 가 된다. 그리스도의 몸을 구성하는 성도의 수를 60억 명으로 계산하면, 그리스도인 개개인에게 할당되는 공간은 1,950m × 1,950m의 면적에 높이가 100m까지 올라가는 공간이다. 즉 여의도의 절반 정도에 해당하는 대지이며, 높지 않은 동산이 들어가도 되는 공간이다. 다시 말해 이런 규모라면 유럽에서 아름답다고 하는 성이 들어갈 수 있고, 야외 정원, 연못, 야외 풀장, 성을 두른 사냥터와 우뚝 솟은 수목이 울창한 숲이 들어갈 수 있는 규모이다! 주 예수 그리스도께서 『**나의 아버지 집에는 많은 저택들[mansions]이 있느니라. 그렇지 아니하면 내가 너희에게 말하였으리라. 나는 너희를 위하여 처소를 마련하러 가노라.**』(요 14:2)라고 하셨을 때, 이것은 바로 이 새 예루살렘을 염두에 두고 하신 말씀이었다.

■ 새롭게 깨달았거나 적용할 내용이 있다면 적어 보세요. ■

2. 새 예루살렘은 하나님의 영광으로 찬란하게 빛나는 도성이다.

➡ 『하나님의 영광이 있어 그 도성의 광채가 가장 귀한 보석 같고, 벽옥 같으며, 수정같이 맑고』(11절, cf. 23절).

3. 새 예루살렘의 구조

1) "순금으로 맑은 유리 같은 외관"

➡ 『그 도성은 순금으로 맑은 유리 같고』(18절).

2) "네모가 반듯한 수정 모양"

➡ 『그 도성은 네모가 반듯하며 길이와 너비가 같더라. 그러므로 그가 갈대로 그 도성을 측량하니 일만 이천 스타디온이요 길이와 너비와 높이가 같더라』(16절).

3) "크고 높은 성벽과 열두 대문"

『또 크고 높은 성벽도 있으며, 열두 대문이 있고 그 문에는 열두 천사와 이름들이 기록되어 있는데 그것은 이스라엘 자손 열두 지파의 이름이더라』(12절).

(1) 높이가 144큐빗(약 64-90m)인 크고 높은 성벽이 있다(17절).

(2) 동편, 북편, 남편, 서편에 각각 세 개씩(13절) 총 "열두 개의 대문"이 있다.

① 그 문들을 열두 천사가 지키고 있다.

② 문에는 이스라엘 열두 지파의 이름이 기록되어 있다.

(3) <u>열두 대문은 각각 열두 진주로 되어 있다</u>. 『또 그 열두 대문은 열두 진주니 그 문들은 각각 한 개의 진주로 되어 있더라』(21절)

➠ 열두 대문 각각이 하나의 진주로 되어 있는 것이다. 성벽의 높이가 64-90m이기 때문에 그 진주의 크기가 얼마나 클지 가늠이 될 것이다. 피터 럭크만 박사는 "진주 문"의 높이가 약 9m는 될 것이라고 추정했다.

4) "<u>벽옥으로 지어진 성곽과 성벽의 열두 기초석</u>"

『그 성곽은 벽옥으로 지어졌고... 그 도성의 성벽의 기초석은 각양 보석으로 단장되었으며 첫째 기초석은 벽옥이요, 둘째는 사파이어, 셋째는 옥수, 넷째는 에메랄드이며 다섯째는 홍마노, 여섯째는 홍보석, 일곱째는 감람석, 여덟째는 녹보석, 아홉째는 황옥, 열째는 녹옥수, 열한째는 제신스, 열두째는 자수정이더라』(18-20절).

➠ 이 보석들은 구약 시대에 대제사장의 흉배에 붙였던 돌들이다. 열두 개의 돌들은 각각 열두 지파를 대표하며, 이 열두 기초석에는 어린 양의 열두 사도의 이름이 기록되어 있다(14절).

1	에메랄드	"유다"를 상징하는 녹색 돌
2	사파이어	"시므온"을 상징하는 파란 돌
3	홍마노	"단"을 상징하는 붉고 흰 돌
4	옥수	"레위"를 상징하는 반투명한 흰 돌
5	황옥	"잇사갈"을 상징하는 옅은 노란 오렌지색 돌
6	감람석	"갓"을 상징하는 황금색 돌

7	녹보석	"아셀"을 상징하는 "얼어 있는 불" 같은 돌
8	홍보석	"납탈리"를 상징하는 적갈색 돌
9	제신스	"요셉"을 상징하는 짙은 붉은색 돌
10	자수정	"베냐민"을 상징하는 보라색 수정
11	녹옥수	"스불론"을 상징하는 황록색 돌
12	벽옥	"르우벤"을 상징하는 투명한 수정

5) 도성의 거리는 『**순금이며 투명한 유리**』 같다(21절).

6) 도성 안에는 물리적인 성전이 없고 『**전능하신 주 하나님과 그 어린양이 그곳의 성전**』이 되신다(22절).

▲ 영광스러운 새 땅

➠ 가로와 세로와 높이가 같은 새 예루살렘은 전능하신 주 하나님의 "완전한 임재"가 있는 하나님의 지성소다. 즉 하나님의 거룩한 임재와 그 은혜의 영광이 그리스도의 몸의 영원한 거처인 새 예루살렘을 통해 완전하게 표현되는 것이다. 우리는 그곳에서 하나님의 거룩하시고 완전한 임재를 누릴 것이다!

새 예루살렘에서는 『**전능하신 주 하나님과 그 어린양이 그곳의 성전**』이 되실 것이기 때문에(22절) 물리적인 성전이 없을 것이지만, 영원에서 유대인을 위한 "새 땅"은 그것과 다르다. 왜냐하면 성경은 『**하나님의 성막**』이 사람들과 함께 있을 것이

라고 말씀하기 때문이다. 『**또 내가 들으니, 하늘에서 큰 음성이 나서 말하기를 "보라, 하나님의 성막이 사람들과 함께 있어 그분께서 그들과 함께 거하시리니, 그들은 그분의 백성이 되고 하나님께서는 친히 그들과 함께 계셔서 그들의 하나님이 되시리라**』(3절). 하나님께서는 동일한 취지의 말씀을 천년왕국과 관련하여 에스겔서에서 이스라엘에게 말씀하셨다! 『**나의 장막도 그들과 더불어 있으리니 정녕 나는 그들의 하나님이 되고 그들은 나의 백성이 되리라. 나의 성소가 그들 가운데 영원무궁토록 있을 때에 이방들은 나 주가 이스라엘을 거룩케 하는 것을 알리라**』(겔 37:27,28). 천년왕국 때 이스라엘 가운데에 하나님의 성소가 있을 것인데, 주님께서는 그 성소가 그들 가운데 영원무궁토록(영원 세계에서도) 있을 것이라고 말씀하신다. 이 에스겔서의 말씀은 위의 요한계시록 21:3 말씀과 잘 연결된다. 그 영원 세계에서 하나님께서는 그들의 눈물을 닦아 주실 것인데, 말하자면 다시는 사망이나 슬픔, 울부짖음, 고통 등이 없는 것이다(4절).

7) **도성에는 새로운 광원이 있다.**

➡ 『**하나님의 영광이 그곳을 비추고 어린양이 그곳의 빛이 됨이라**』(23절).

8) **구원받은 자들의 민족들과 땅의 왕들이 영광과 존귀를 가지고 들어올 것이다**(24-26절).

(1) 요한계시록 21:24-26은 영원에서의 이방 민족들을 다룬다. 구원받은 자들의 민족들은 대환란과 천년왕국 기간에 구원받은 이방인들을 가리킨다. 이들은 그리스도인들과 달리 영생을 얻지 못한 상태로 영

원에 들어가게 된다. 큰 백보좌 심판에서 그들의 이름이 "**생명의 책**"에 있다면(20:12) "**생명 나무**"를 먹을 권리를 갖게 되는데, 바로 그들이 새 예루살렘으로 들어가서 "**생명 나무**"를 먹는 것이다.

(2) 대환란과 천년왕국에서 구원받은 사람들의 특징을 보면, 그들의 "구원"이 "**환란 성도들**"은 믿음과 행위에 바탕을 두고 있고, "**천년왕국 성도들**"은 천년왕국 헌법인 산상 설교(마 5-7장)를 지키는 행위에 바탕을 두고 있다. 이 두 부류의 공통점은, 그들의 구원이 "**행위**"와 결부되어 있다는 점과 그들의 행위가 영원 세계에서 생명 나무의 권리를 갖게 해 주는 근거가 된다는 점이다. 『**그의 계명들을 행하는 자들은 복이 있나니, 이는 그들이 생명 나무에 대한 권리를 가지며 또 그 문들을 통하여 도성 안으로 들어가게 하려 함이니라**』(계 22:14). 영원 세계에서 그리스도인들은 자녀들을 낳지 않는 반면(마 22:3) 이방인들은 자녀들을 낳기 때문에(사 9:7, 시 103:17), 그들의 자녀들도 생명 나무를 먹어야 영원히 살 수 있다.

(3) 그들과 달리 그리스도인들은 영원에서 생명 나무를 먹을 필요가 없다. 왜냐하면 행위가 아닌 믿음으로 구원을 받아 영원한 생명이신 하나님의 아들을 소유하고 있기 때문이다. 『**또 증거는 이것이니, 하나님께서 우리에게 영생을 주신 것과, 이 생명이 그의 아들 안에 있다는 것이라. 그 아들이 있는 자는 생명이 있고 하나님의 아들이 없는 자는 생명이 없느니라**』(요일 5:11,12).

9) **도성의 성문들은 낮에 절대로 닫히지 않는다. 그 도성에는 밤이 없을 것이므로 항상 낮인 도성의 문은 언제나 개방되어 있을 것이다**(25절).

➠ 도성에 밤이 없는 이유는 하나님의 영광이 그곳을 비추고 어린양께서 그곳의 빛이 되실 것이기 때문이다(23절). 해와 달은 영원 세계

에도 존재할 것이지만(시 72:5,17; 89:36,37, 렘 33:19-21), 그 둘이 도성 안을 비출 필요는 없는 것이다(23절).

10) 무엇이든지 더럽게 하는 것이나 가증한 일을 행하는 자나 거짓말하는 자는 결코 그곳에 들어오지 못할 것이며, 다만 어린양의 생명의 책에 기록된 자들만 들어갈 수 있다(27절).

11) 그 도성에는 『**하나님과 어린양의 보좌**』(계 22:1,3)가 있다.

➡ 새 예루살렘은 교회와 하나님과 어린양의 거룩한 거처이며, 우주의 지성소이자 창조주의 보좌가 있는 처소가 될 것이다.

12) **<u>그 도성 안에는 영원한 생명, 영원한 임재, 영원한 거룩함, 영원한 기쁨, 영원한 영광, 영원한 찬양, 영원한 쉼, 영원한 통치, 완전한 지식, 완전한 교제가 있을 것이다</u>**.

➡ 왜냐하면 그리스도인들은 100% 거룩한 본성을 소유한 완전하고 영원한 몸을 입은 채로 완전하고 영원하신 하나님과 영원히 함께할 것이기 때문이다!

■ 새롭게 깨달았거나 적용할 내용이 있다면 적어 보세요. ■

제3과
복습문제

1. 요한계시록 21장에서는 새 하늘과 새 땅과 (   )을 위시한 영원 세계가 계시된다.

2. 성경은 새 예루살렘에 관하여 자기 남편을 위하여 단장한 (   ), 신부인 (   )의 아내, 우리 모두의 (   )라고 말씀한다.

3. 새 예루살렘은 우리 모든 그리스도인들의 영원한 처소이기에, 십자가의 복음을 믿기만 하면 누구든지 값없이 받을 수 있다. (O , X)

4. 새 예루살렘의 거주자들은 (복음을 믿음으로 , 행위로) 구원받고 거듭난 사람들이다.

5. 새 예루살렘에는 (   ) 대문, (   ) 천사, (   ) 기초석이 있다.

6. 새 예루살렘의 광원은 (   )이시다.

■ 복습 문제의 정답은 홈페이지(www.solomonbtc.org)에서 확인할 수 있습니다.

NOTES

NOTES

NOTES

제4과
영원 시대는 어떻게 시작되는가?(22장)

『이런 일들을 증거하신 분이 말씀하시기를 "반드시 내가 속히 오리라." 하시니라. 아멘. 그러하옵니다. 주 예수여, 오시옵소서』(계 22:20).

영원에 대한 기대와 소망

▲ 위대한 왕 예수 그리스도

주 예수 그리스도의 피로 구속받은 우리는 모두 "영원"으로 초대받은 거룩한 성도들이며, 영원에 대한 기대와 소망을 가지고 살아간다. 우리는 이 영원으로의 "마지막 여행"을 목전에 두고 있는 사람들이다. 이 여행을 위해서는 불필요하게 짐을 쌀 필요가 없다. 오히려 모든 것을 이 땅에 버려두고 가야 한다. 수억 또는 수조 원의 불필요한 우주여행 경비를 지불할 필요도 없다. 이미 예수님께서 그분의 피로 우주에서 가장 값비싼 경비를 지불하셨기 때문이다. 또한 주님께서는 영원으로의 마지막 여행을 끝마칠 성도들을 위해 영원에서 거주할 수 있는 다른 준비도 끝마치셨다. 영원한 몸뿐만 아니라 영구한 재산, 영원한 도성, 영원한 집, 영원한 유업 등을 우리를 위해 예비해 두신 것이다. 이런 소망이 우리 안에 있기 때문에 우리는 항상 영원을 염두에 두고 살아야 한다. 약간 주의를 기울이는 정도가 아니라 목숨을 내걸 만큼 인생의 모든 것을 영원에 걸어야 하는 것이다. 『**우리가 바라보는 것은 보이는 것들이 아니요, 보이지 않는 것들이라. 이는 보이는 것들은 잠깐뿐이지만 보이지 않는 것들은 영원하기 때문이라**』(고후 4:18).

영원 시대의 "세 부류"의 백성들과 "세 가지" 거처

1. 영원에서의 "생명의 강"과 "생명 나무"(1,2절)

▲ 생명수 및 생명 나무와 구원받은 민족들

1) 새 예루살렘 안에 계시는 "**하나님과 어린양**"의 보좌에서 『**수정처럼 맑은 생명수의 정결한 강**』(1절)이 흘러나온다.

2) 새 예루살렘의 거리 한가운데와 강의 양편에는 『**생명 나무**』(2절)가 있어서 "**열두 가지 과실**"을 맺고, 그 잎사귀들은 "**열두 민족들**"을 치유해 준다.

2. 영원에서 영원토록 살게 될 "세 부류"의 백성들과 "세 가지" 거처

1) "**새 예루살렘**" ➡ "**교회**"(그리스도인들)

(1) 그리스도인들은 휴거된 이후 "**영생**"을 몸으로 경험하게 될 것인데, 예수 그리스도의 영광스러운 몸처럼(빌 3:21) 완전하고 영원한 몸을 갖게 될 것이다(요 20:17, 마 28:9, cf. 행 1:9, 고후 12:4).

(2) 영광스럽게 된 교회, 곧 그리스도인들은 하나님의 형상을 회복한 "**하나님의 아들들**"이자 "**어린양의 아내**"로서 저 영원에서는 새 예루살렘에 거하게 된다(갈 4:26, 계 21:9,10).

(3) 새 예루살렘은 "영원하고 완전한 복"이 가득 차 있는 장소다(계 22:3).

▲ 영광스러운 새 땅

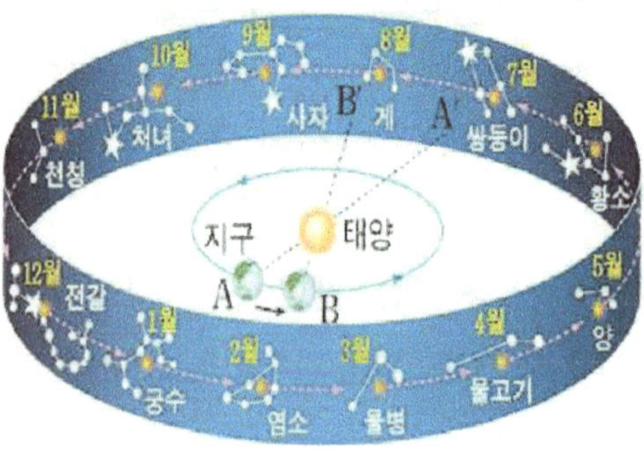

▲ 황도 12궁

2) "새 땅" ➠ "이스라엘"

(1) 이스라엘은 아브라함의 언약을 통해 "**땅에 대한 약속**"을 받은 민족이다(창 12:7; 15:18-21). 그 땅은 『**영원한 언약**』(창 17:7)을 통해 주어진 이스라엘의 『**영원한 소유**』(창 17:8)이다. 그 약속은 궁극적으로 천년왕국 기간에 완전히 성취되고(교재 29페이지 지도 참조), 또한 "**영원한 언약**"에 따른 것이기에 영원 시대까지 이어진다.

(2) 로마서 4:13에서는 아브라함이 팔레스타인을 중심으로 하는 영토를 넘어 『**세상의 상속자**』가 될 것이라고 말씀한다(사 66:22; 65:17). 따라서 이스라엘은 천년왕국에서 아브라함에게 주신 약속의 땅(팔레스타인)에 거하다가 영원에서는 "새 땅," 곧 "새로운 지구"(new earth) 전체를 차지하게 될 것이다.

3) "새 하늘" ➠ "이방 민족들"

(1) 처음에는 새 땅에서 이스라엘과 함께 거하되 열두 나라로 존재할 것이다. 왜냐하면 하나님께서 이방 민족들을 이 땅에서 그들의 유업으로 나누셨을 때, "**이스라엘 자손의 수**," 곧 "**열둘**"로 경계를 구

분하셨기 때문이다(신 32:8, 행 17:26).

(2) 각 민족에게는 왕(계 21:24)이 있을 것이며, 그들은 매달 열두 대문(계 21:13), 곧 각 민족에게 하나씩 배정된 문을 통과해서 새 예루살렘으로 영광과 존귀를 가지고 들어가게 될 것이다(계 21:26).

(3) 땅을 다시 채우라는(창 1:28; 9:1) 하나님의 명령에 따라 그 수가 증가하게 되면, 새 땅을 벗어나 우주의 구석구석으로 퍼져 나갈 것이다. 이것은 왜 현재의 하늘에 "황도 12궁"이 존재하는지를 설명해 주는데, 영원에서 살게 될 이방인 열두 민족이 영원에서 존재할 별자리들과 은하수들로 뻗어 나가 영원히 번성하게 되는 것이다. 이로써 "새 하늘"이 그들의 영원한 거처로 주어지게 된다. 『**또 네가 네 눈을 들어 태양과 달과 별들, 즉 하늘의 모든 군상을 보고 그것들을 경배하고, 그것들을 섬기도록 이끌려서는 안 될지니, 그것들은 주 너의 하나님께서 온 하늘 아래 모든 민족들에게 나누신 것이니라**』(신 4:19).

➠ **구원받은 이방 민족들은 그리스도인들처럼 "영원한 몸"을 얻지 못했기 때문에 영원한 생명을 누리기 위하여 새 예루살렘으로 들어와 "타락하기 이전의 아담"처럼 생명 나무의 열매를 먹어야 한다.**

▲ 새 땅의 풍요로움

최초의 인류를 창조하셔서 그들로 하여금 살게 하셨던 "**에덴 동산**"에는 강들이 발원하고 생명 나무가 있었다(창 2:8-14). "**새 예루살렘**"에서도 하나님의 보좌로부터 생명수의 강이 발원하며, 강 양편으로 생명 나무가 서 있을 것이다. 이 얼마나 멋진 환경인지 곰곰이 생각해 보라. 어린 시절 강과 나무와 접하며 살았던 사람은 결코 그 고향을 잊지 못한다. 물론 그리스도인들은 이미 영생을 가진 사람들이지만, 이처럼 새 예루살렘에 생명수의 강이 흐르고 생명 나무가 서 있다는 사실은, 우리가 살게 될 그곳이 얼마나 아름다운 장소이고, 또 얼마나 큰 기쁨과 안식과 행복으로 가득 찬 장소인가를 다시 한번 생각하게 해 준다.

3. "저주가 없는" 영원 시대(3-5절)

1) 창세기 3장에서 죄로 인해 이 땅에 내려진 "**저주**"가 영원 시대에 가서야 비로소 완전히 제거된다(3절).

2) 영원에서의 "**그리스도인들의 지위**"

(1) **성경의 주제는 "왕과 왕국과 보좌"다**. 성경의 연대기가 끝나는 성경의 마지막 책, 마지막 장에서 하나님과 어린양께서는 보좌 위에 앉아 계신다. 하나님의 종들은 『**하나님과 어린양**』을 섬길 것이고(3절), 주님의 얼굴을 볼 것이다(4절, 요 1:18, 요일 4:12). 하나님의 이름이 그들의 이마 위에 있으며(4절), 주 하나님께서는 그들을 비추시고 그들은 영원무궁토록 통치한다(5절).

(2) 하나님의 영원한 목적이 완전히 실현되는 "**영원에서**" 하나님의 아들들인 그리스도인들은 다음 "**세 가지의 지위**"를 누리게 된다.

▲ 영원한 아들들

① 그리스도인들은 집합적으로 우주를 통치하시는 영원하신 왕, <u>주 예수 그리스도의 아내로서</u> 살게 된다.

② <u>**하나님의 종들로서**</u> 하나님을 섬기게 된다.

③ <u>**하나님께서 선정하신 왕들로서**</u> 그분을 위해 영원무궁토록 통치할 것이다.

➡ 영원에서 그리스도인들이 행하게 될 섬김과 통치가 구체적으로 어떤 형태가 될 것인지 다 알 수 없지만, <u>**분명한 것은 영원에서 우리가 누릴 지위는 전능하신 주 하나님과 위대하신 어린양의 종들이요 그분께서 세우신 왕들이라는 점이다!**</u>

3) 밤이 없고, 촛불도 햇빛도 필요하지 않다(5절).

➡ "새 예루살렘"에 거하는 사람들은 해와 달이 필요 없지만(21:23), "새 땅"에 거하는 사람들은 여전히 해와 달이 필요하다.

4. 영원에서 이뤄질 완전한 교제와 하나 됨

1) 사도 바울은 천년왕국이 끝나고 아들 하나님께서 아버지 하나님께 왕국을 넘기실 때, 하나님께서 모든 것 안에서 모든 것이 되신다고 말했다. 『**만물이 그분께 복종할 때에 그때 아들 자신도 만물을 자기에게 복종케 하신 그분께 복종하시리니 이는 하나님께서 만물 안에서 모든 것이 되시려 하심이라**』(고전 15:28). 피터 럭크만 목사는 이 구절과 관

련하여 〈럭크만 주석성경〉에서 다음과 같은 심오한 주석을 달았다.

> 이것은 성경에서 아무리 자세하게 검토하고 분석해 본다 해도 믿기 어려운 부분 중에 하나다. 본문에서 『만물』(all things)은 분명 하나님의 대적들에 대해 언급하고 있다. 물론 아들께서는 이 대상에서 제외되시는데, 이는 그분께서 하나님의 대적이 아니시고, 또한 이미 아버지께 친히 복종하셨기 때문이다(빌 2:7,8). 그래서 하나님께서는 천년왕국과 백보좌 심판에서 "예수 그리스도"의 이름을 "여호와"의 이름을 위시하여 모든 이름 위에 높이실 것이다(빌 2:9-11). 그러나 영원에서는 그리스도께서 친히 아버지께 한 번 더 복종하시고, "말씀"(그리스도께서 『아들』로 태어나시기 전에 지니셨던 지위, 요 1:1-3)으로서 삼위일체로 돌아가시게 된다. 따라서 우리가 『그리스도 안에』(엡 1:20) 있다는 말은, 우리가 그분과 함께 신격으로 들어가 "삼위일체와 합쳐질 것"이라는 사실을 함축하고 있는 것이다.

2) 영원에서의 이러한 연합을 범신론이나 "신인합일"의 사상과 혼동해서는 안 된다. 요한계시록에서 천상의 일들과 영원을 다루는 성경은 『**나 예수**』(계 22:16)라고 말하며, 또 『**나 요한**』(계 21:2; 22:8)이라고 말한다. 즉 영원에서도 우리는 하나님과의 완전한 교제와 연합을 이루지만, 동시에 우리 각 개인의 흔적 개별성도 유지하게 되는 것이다.

■ 새롭게 깨달았거나 적용할 내용이 있다면 적어 보세요. ■

5. 영원에서 "하나님과 어린양의 영원한 통치"

1) 천년왕국은 영원과 비교해 볼 때, 문학으로 치면 위대한 이야기의 도입부이고, 음악으로 치면 장중한 대곡의 서곡이며, 명작 그림들이 가득한 화랑의 입구요, 음식으로 본다면 최고의 요리를 위한 애피타이저에 불과하다.

▲ 만왕의 왕

우리 주 예수 그리스도께서는 천년왕국에서 『**만왕의 왕, 또 만주의 주**』(계 19:16)로서 다스리신다. 그러나 예수 그리스도의 통치는 천년왕국에서 중단되지 않고(단 2:44; 눅 1:33, 벧후 1:11), 영원에서 삼위일체 하나님의 하나 됨 속에서 계속 이어진다. 즉 천년왕국에서는 예수 그리스도 안에서 하나님께서 다스렸다고 한다면, 영원에서는 하나님 안에서 예수 그리스도께서 다스리시는 것이다(계 22:3).

2) 우리 주 예수 그리스도께서는 『**영원한 왕**』이시며(렘 10:10), 주님의 왕국은 『**영원한 왕국**』이고(단 7:27, 벧후 1:11), 그 영광은 『**영원한 영광**』이다(고후 4:17, 벧전 5:10). 이런 주님께서 우리를 예수 그리스도와 함께 영원히 통치할 왕들로 부르신 것이다. 『**그들이 영원무궁토록 통치하리라**』(계 22:5). 그때가 되면 주님께서 우리에게 누리게 하신 영원한 영광의 비중이 어떤 것인지 실감할 수 있을 것이다. 우리는 영원에서 예수 그리스도와 함께 하나님의 "**영원한 해피 엔딩의 주인공들**"이 될 것이다(창 2:2,3, 왕상 8:66).

성경의 마지막 권면과 초청과 경고와 약속과 기도

1. 성경의 "마지막 권면"(6-16절)

➡ 예수 그리스도께서는 현 교회 시대부터 영원 시대까지 포괄하고 있는 이 위대한 계시들을, 『**반드시 속히 되어질 일들을 그의 종들에게 보이시려고**』(6절) 『**이 책**』(7절), 곧 요한계시록에 기록하시어 성도들에게 전달해 주셨다(6,7절). 성경의 이 마지막 권면들에는 환란 성도들과 교회 시대의 성도들에게 주시는 권면이 모두 포함되어 있다.

1) 『**이 책**』(7절).

(1) 이 마지막 권면에서 "**이 책**"이 여섯 번[7,9,10,18(두 번),19절] 언급된다.

(2) "**이 책**"에 대한 언급인 "**예언의 책**"은 한 번(22:19) 나온다.

(3) "**이 책**"은 여섯 번 언급되고(일차적으로 요한계시록을 말한다), "**예언의 책**"으로도 한 번 언급되어 완전한 일곱을 이루며, 그다음 여덟 번째 새 책은 "**생명의 책**"이다.

2) 『**하나님께 경배하라**』(9절).

➡ 하나님 외에 다른 것들을 경배하는 것은 옳지 않다(8,9절).

3) 『**이 책의 예언의 말씀들을 봉인하지 말라. 이는 그 때가 가까움이라**』(10절).

➡ 이 책은 일차적으로 "**요한계시록**"을 말한다. 요한계시록의 예언들이 성취될 때가 가까운 것인데, 그때는 바로 주님께서 재림하시는 때이다.

4) 『**불의한 자는 그대로 불의함에 있게 하고 더러운 자는 그대로 더러움에 있게 하라. 반면에 의로운 자도 그대로 의로움에 있게 하고 거룩한 자도 그대로 거룩함에 있게 하라**』(11절).

5) 『**보라, 내가 속히 오리니 내가 줄 상이 내게 있어 각 사람에게 그의 행위에 따라 주리라**』(12절).

➠ 그리스도의 심판석을 기다리는 이 시대의 "그리스도인들"이나 그리스도의 재림을 기다리는 "환란 성도들"을 향한 메시지이다.

6) 『**나는 알파와 오메가요 시작과 끝이며, 처음과 마지막이라**』(13절).

▲ 만유 안에 충만하신 예수 그리스도

7) 『**그의 계명들을 행하는 자들은 복이 있나니**』(14절).

(1) 생명 나무에 대한 권리를 가지며 또 그 문들을 통하여 도성 안으로 들어가게 된다(14절).

(2) 그러나 개들과(벧후 2:22) 마술사들과 음행자들과 살인자들과 우상숭배자들과 누구든지 거짓말을 즐겨 행하는 자는 모두 다 "성 밖에" 있게 된다(15절).

▲ 위대한 왕 예수 그리스도

8) 『**나 예수는... 다윗의 뿌리요 자손이며, 또 빛나는 새벽별이라**』(16절).

➠ 새벽별은 "태양"이기에, 『의의 태양』(말 4:2)이신 예수 그리스도께서는 재림의 아침에 떠오르신다.

2. 성경의 "마지막 초청"(17절)

➠ 오늘날 교회 시대의 죄인들에게 주시는 초청이다. 『**또 성령과 신부가 말하기를 "오라." 하더라. 듣는 자도 "오라." 말하게 하고, 또 목마른 자도 오게 하며 원하는 자는 누구든지 생명수를 값없이 마시게 할지어다**』(17절).

3. 성경의 "마지막 경고"(18,19절)

➠ 이러한 위대한 계시를 주시는 하나님의 말씀에는 "단 한 단어라도" 손을 대서는 안 된다(신 4:2, 잠 30:6).

4. 성경의 "마지막 약속과 기도"(20,21절)

▲ 예수 그리스도를 기다리며

➠ 주 예수 그리스도께서는 "속히 올 것이라."라고 요한계시록 전체에서 "네 번" 약속하셨는데, 특히 마지막 장에서 "세 번"이나 약속하셨다(계 3:11; 22:7,12,20). 우리가 이 모든 것을 깨달았고 또 믿는다면, 또한 이러한 찬란한 영광과 복으로 우리를 부르

이라."고 (   )번이나 약속하셨다.

6. 우리가 이 모든 것을 깨달았고 또 믿는다면, 또한 이러한 찬란한 영광과 복으로 우리를 부르신 구주 예수님을 사랑한다면 우리가 드려야 할 간절한 기도는 이제 한 가지뿐이다. 『아멘. 그러하옵니다. (   )여, 오시옵소서』(계 22:20).

■ 새롭게 깨달았거나 적용할 내용이 있다면 적어 보세요. ■

■ 복습 문제의 정답은 홈페이지(www.solomonbtc.org)에서 확인할 수 있습니다.

NOTES

신 구주 예수 그리스도를 사랑한다면 우리가 드려야 할 간절한 기도는 이제 한 가지뿐이다. 『**아멘. 그러하옵니다. 주 예수여, 오시옵소서**』(20절).

■ **결 론** ■

주님께서 오시면 영원한 생명을 받은 성도답게 우리의 구원의 대장께서 마련해 놓으신 면류관들과 통치권을 영광과 함께 받을 수 있도록, 고마우신 구주 예수 그리스도와 영화로우신 아버지 하나님을 위해서 살아야 한다!

■ 『세상도, 세상의 정욕도 사라지지만 하나님의 뜻을 행하는 자는 영원히 거하느니라』(요일 2:17).

■ 『그들이 새 노래를 부르며 말하기를 "주께서 그 책을 취하시며 그 봉인들을 열기에 합당하시니이다. 이는 죽임당하셨던 주께서 하나님께로 각 족속과 언어와 백성과 민족 가운데서 우리를 주의 피로 구속하여 우리 하나님 앞에 우리를 왕들과 제사장들로 삼으셨음이니, 우리가 땅 위에서 통치하리이다."라고 하니라』(계 5:9,10).

■ 『주의 면전에는 충만한 기쁨이 있고 주의 오른편에는 즐거움이 영원무궁토록 있나이다』(시 16:11).

■ 새롭게 깨달았거나 적용할 내용이 있다면 적어 보세요. ■

제4과
복습문제

1. 하나님과 어린양의 보좌에서 수정처럼 맑은 (   )의 정결한 강이 발원하고, 또한 그 도성의 한 가운데와 강의 양편에는 (   )가 있다(계 22:1,2).

2. 영원에서 우리는 하나님의 (   )로서 하나님을 섬기고 있을 것이며, 하나님께서 선정하신 (   )로서 그분을 위해 영원무궁토록 통치할 것이다.

3. 우리 주 예수 그리스도께서는 영원하신 (   )이시며(렘 10:10), 주님의 왕국은 영원한 (   )이며(단 7:27), 그 영광은 영원한 (   )이다(벧전 5:10).

4. 영원에서 영원토록 살게 될 "세 부류"의 백성들과 "세 가지" 거처에 대하여 완성해 보시오.
   1) "교회"(그리스도인들) ➠ "(   )"
   2) "이스라엘" ➠ "(   )"
   3) "이방 민족들" ➠ "(   )"

5. 주님께서는 요한계시록 "전체"에서 "속히 올 것이라."라고 (   )번 약속하셨다. 그리고 그중에서 성경의 마지막 장인 요한계시록 22장에서 "속히 올 것

NOTES

< 추 천 도 서 >

요한계시록

피터 S. 럭크만 지음 / 592쪽

30,000원(eBook 12,900원))

방대한 성경 지식과 연결되어 있는 본서의 "유기성"은 이 책 한 권으로 신학적 기틀을 쌓는 것을 가능케 한다.

하나님의 나라와 천국

피터 S. 럭크만 지음 / 280쪽

12,000원(e-Book 4,900원)

성경의 주제는 "구원"이 아니라 "왕국"이다. 본서는 성경에 나타난 천국(Kingdom of Heaven)과 하나님의 나라(Kingdom of God)를 정확히 구분하여 알려 준다.

세대적 진리

클라렌스 라킨 지음 / 322쪽 / 32,000원

1920년에 출간된 이 책은 세대주의 연구의 기초가 되는 책으로 클라렌스 라킨의 역작이며, 성경을 연구하는 모든 그리스도인의 필독서이다.

그림으로 보는 요한계시록

피터 S. 럭크만 지음 / 215×278 양장

400쪽 / 32,000원

이 책은 저자가 요한계시록 전체에 있는 모든 사건을 208장의 그림으로 17여 년 동안 그려서 완성한 일생의 걸작이다.

솔로몬 성경공부 시리즈

요한계시록

제4권 새 예루살렘과 영원 시대(19-22장)

초판1쇄 2022년 9월 22일
초판3쇄 2023년 11월 15일
지 은 이 / 편 집 부
발 행 인 / 박 승 용
발 행 처 / 말씀보존학회
출판등록 / 제409-2022-000036호
주 소 / 서울 강서우체국 사서함 제90호
전 화 / (02) 2665 - 3743
팩 스 / (02) 2665 - 3302
인 터 넷 / www.biblemaster.co.kr

값 10,000 원